AVIVAMENTO

AVIVAMENTO

Hernandes Dias Lopes & Arival D. Casimiro

Luz na mente, **fogo no coração**

hagnos

© 2024 por Hernandes Dias Lopes
& Arival Dias Casimiro

1ª edição: janeiro de 2024

REVISÃO
Luiz Werneck Maia

CAPA
Julio Carvalho

DIAGRAMAÇÃO
Letras Reformadas

EDITOR
Aldo Menezes

COORDENADOR DE PRODUÇÃO
Mauro Terrengui

IMPRESSÃO E ACABAMENTO
Imprensa da Fé

As opiniões, as interpretações e os conceitos emitidos nesta obra são de responsabilidade dos autores e não refletem necessariamente o ponto de vista da Hagnos.

Todos os direitos desta edição reservados à
EDITORA HAGNOS LTDA.
Rua Geraldo Flausino Gomes, 42, conj. 41
CEP 04575-060 São Paulo, SP
Tel.: (11) 5990-3308

E-mail: hagnos@hagnos.com.br
Home page: www.hagnos.com.br

Editora associada à:

Dados Internacionais de Catalogação na Publicação (CIP)
Angélica Ilacqua CRB-8/7057

Lopes, Hernandes Dias
   Avivamento: luz na mente, fogo no coração / Hernandes Dias Lopes, Arival Dias Casimiro. – São Paulo: Hagnos, 2024.

   ISBN 978-85-7742-462-7

   1. Avivamentos
   2. Espírito Santo
   3. Vida cristã
   I. Título
   II. Casimiro, Arival Dias

23-6186   CDD 269.24

Índices para catálogo sistemático:
1. Avivamentos 269.24

DEDICATÓRIA

Dedicamos este livro ao amigo Jeremias Pereira da Silva, pastor da oitava Igreja Presbiteriana de Belo Horizonte. Homem de Deus, servo fiel, encorajador dos santos, vaso de honra nas mãos do Senhor. Sua vida é uma inspiração, seu ministério é uma evidência da poderosa graça de Deus.

SUMÁRIO

Prefácio 9

Introdução 11

1. Um clamor por avivamento 13

2. Uma volta urgente para Deus 31

3. Avivamento: quando Deus restaura o seu povo 53

4. Avivamento ou sepultamento 73

5. O Pentecostes: o derramamento do Espírito Santo ... 89

6. "Prega a Palavra" 111

7. Fome da Palavra de Deus 127

8. Orando por avivamento 145

9. Confissão e perdão de pecados 161

PREFÁCIO

Jonathan Edwards, maior expoente do movimento puritano na Nova Inglaterra, no século 18, conhecido como o teólogo do avivamento, disse que devemos ter luz na mente e fogo no coração. Dessa expressão cunhada por esse príncipe de Deus é que propomos o título desta obra: *Avivamento: luz e calor*.

O avivamento nos leva de volta às Escrituras, e só assim poderemos ter luz na mente. O avivamento nos conduz à santidade e devoção, e só assim poderemos ter fogo no coração e calor espiritual.

A igreja enfrenta hoje grandes perigos, mas ao tempo tem à sua frente grandes oportunidades. A perseguição velada ou explícita à igreja cristã e aos valores da ética judaico-cristã não é uma fantasia de mentes doentias. É fato incontroverso. Essa perseguição não vem dos porões subterrâneos da iniquidade, mas dos parlamentos, palácios e cortes. Não vem dos arruaceiros antissociais, mas das ideologias que se aninham sorrateiramente sob o manto protetor das autoridades. Essas velhas ideologias, com novas roupagens, são um verdadeiro atentado à verdade. Mas é exatamente nesse cenário difuso e cinzento que a igreja se insere como sal e luz. Embora alvo da fúria do Diabo, do ódio do mundo e da perseguição daqueles que deveriam protegê-la, a igreja segue caminhando vitoriosa e sobranceira.

Reconhecemos, entretanto, que a igreja só pode influenciar o mundo na medida em que for totalmente diferente dele. Se ela se conformar com este século, perde seu poder e relevância. Porém, se for reavivada pelo Espírito Santo, invadirá os portões do inferno e anunciará com poder o evangelho que salva o pecador e liberta o cativo.

Minha oração é que este livro seja combustível para trazer luz à sua mente e fogo ao seu coração. Que os pastores sejam graveto seco a pegar fogo. Não fogo fátuo, mas o fogo do Espírito, que ilumina, purifica, aquece e alastra. Que os púlpitos se voltem para a centralidade das Escrituras. Que nos coloquemos na brecha, clamando aos céus por um poderoso avivamento. Que se multipliquem as reuniões de oração nas igrejas e nos lares. Que pecados sejam confessados e abandonados. Que haja uma grande fome das coisas lá do alto em nosso coração. Que os céus se fendam e Deus desça para inflamar nosso coração. Que um poderoso avivamento venha sobre a igreja contemporânea, para que ela seja um diadema de glória na mão do Senhor e uma embaixadora do céu na terra, para pregar com autoridade e unção o poderoso evangelho de Cristo!

HERNANDES DIAS LOPES

INTRODUÇÃO

Avivamento é um poderoso movimento do Espírito Santo que traz resultados extraordinários. É uma obra soberana de Deus que visita o seu povo com o intuito de revitalizá-lo espiritualmente. A palavra hebraica para "reviver" significa literalmente "voltar a viver". A palavra sugere vida anterior. Portanto, se aplica diretamente à igreja ou ao povo de Deus.

Os incrédulos não precisam de avivamento, mas de ressurreição espiritual. O avivamento é um sopro que restaura as chamas da piedade, da santidade e do temor a Deus. O profeta Isaías fala de avivamento como de um tempo em que Deus, de forma poderosa, manifesta a sua presença entre o seu povo: "Oh! Se fendesses os céus e descesses! Se os montes tremessem na tua presença, como quando o fogo inflama os gravetos, como quando faz ferver as águas, para fazeres notório o teu nome aos teus adversários, de sorte que as nações tremessem da tua presença!" (Isaías 64:1,2). Os impactos da visitação divina reavivam a igreja e faz as nações tremerem diante dele.

Os avivamentos espirituais na Bíblia e na história da igreja, incluindo o Pentecostes, são obras divinas e soberanas. São tempos de refrigério oriundos da presença de Deus. Na linguagem do profeta Ezequiel são "chuvas de bênçãos" do céu. O avivamento traz a bênção da restauração da piedade, da submissão à autoridade da Bíblia, do arrependimento, do abandono do pecado, do aumento do amor fraternal, da conversão de incrédulos e do grande despertamento missionário. Tudo isso é produzido pela manifestação poderosa da presença de Deus.

Não podemos e não devemos fabricar um avivamento com as nossas próprias forças e habilidades. No entanto, Deus ordena que o seu povo use os meios que Ele mesmo nos deu para que este grande avivamento aconteça. Compreendo, à luz da Bíblia, que o avivamento é um acontecimento divino que devemos buscar com os recursos que Ele nos disponibiliza. Por isso devemos fazer o máximo, onde Deus nos colocou, para que Ele o promova.

Não devemos esperar passivamente que Deus derrame um avivamento sobre nós. A Bíblia nos ordena a orar e a história dos avivamentos confirma que eles sempre foram precedidos pela oração e pela pregação da Palavra de Deus. Há uma conexão entre as orações do povo de Deus e a bênção do avivamento. É da vontade de Deus, que pelas orações dos seus filhos, os planos do seu reino sejam concretizados na história. Portanto, devemos promover amplo e intencional movimento de oração por avivamento. Devemos pregar e ensinar ao povo de Deus sobre a doutrina bíblica da oração, principalmente aquela por avivamento.

Avivamento é a junção de luz e fogo. A luz da Palavra de Deus e o fogo do Espírito Santo. Preparamos este livro como o propósito de lançar luz sobre o tema do avivamento. São pequenas exposições bíblicas sobre o assunto. A nossa oração é que, ao ler essas páginas, o Espírito Santo ilumine a sua mente e aqueça o seu coração.

ARIVAL DIAS CASIMIRO

Capítulo

1

UM CLAMOR POR AVIVAMENTO

Hernandes Dias Lopes

O avivamento é obra de Deus e não realização humana. Procede do céu, não emana da terra. É intervenção divina, não iniciativa humana. A igreja não promove nem agenda avivamento. Ele pertence à soberania de Deus e não aos artifícios humanos.

O avivamento, por outro lado, vem em resposta ao clamor da igreja. Se não podemos produzir o vento do Espírito, podemos içar nossas velas na direção do vento. Se não podemos administrar o tempo e a forma do avivamento, podemos preparar o seu caminho. João Batista, o precursor do Messias, foi categórico: "Preparai o caminho do Senhor" (Lucas 3:4). Para que o caminho seja preparado é mister aterrar os vales, nivelar os montes, retificar os caminhos tortos e aplainar as veredas escabrosas (Lucas 3:5). Avivamento sucede à reforma espiritual em vez de antecedê-la. Primeiro a igreja acerta sua vida com Deus, depois Deus derrama sobre ela o seu Espírito. O profeta Isaías declarou que a água é derramada sobre o sedento e as torrentes, sobre a terra seca (Isaías 44:3).

Vamos, aqui, examinar o texto de Isaías 62. Esta magna passagem bíblica é um verdadeiro clamor por avivamento ao mesmo tempo que retrata o acendrado amor de Deus por seu povo. Este é um amor em grau superlativo revelado na aliança firmada por Deus com os seus.

Há algumas lições preciosas que destacamos:

UM FERVOROSO CLAMOR PELA NOIVA

Todo avivamento é precedido por oração (2Crônicas 7:15). Deus derrama do seu Espírito sobre aqueles que têm sede dele (Isaías 44:3). O Pentecostes veio em resposta à oração (Atos 1:14). Jonathan Edwards, o clássico teólogo do avivamento, diz: "Quando Deus tem algo muito grande a fazer em favor da igreja, ele desperta o seu povo para orar". Charles H. Spurgeon diz: "Todas as nossas bibliotecas e estudos são apenas vácuos comparados ao nosso recinto secreto de oração". Quando a igreja ora, os céus se movem, o inferno treme e coisas grandes acontecem na terra. Quando Elias orou no Carmelo, as torrentes de Deus caíram sobre a terra seca. Quando Jesus orou no Jordão, os céus se abriram, o Espírito desceu sobre Ele e o Pai disse: "Este é o meu Filho amado, em quem me comprazo".

O profeta Isaías está erguendo sua voz num clamor apaixonado em favor de Jerusalém, símbolo da igreja, a noiva de Cristo. Ele emprega dois meios: pregação (Isaías 62:1,2) e intercessão (Isaías 62:6,7).

O contexto é o cativeiro da Babilônia. A cidade de Jerusalém foi destruída, arrasada, desabitada e ficou debaixo de opróbrio. Por muitos anos, a cidade ficara desolada e entulhada de escombros. O profeta olha, então, para essa cidade, a cidade de Deus, e não se conforma com a sua crise presente. Mas, ao olhar para a frente, vê o esplendor da cidade, sua glória, sua magnificência.

A cidade de Jerusalém é um símbolo da igreja. Ela e a Noiva de Jesus são duas figuras que estão superpostas. Em Apocalipse 21, quando João é chamado para subir a uma alta montanha para ver a cidade santa, ele vê a Noiva do Cordeiro. A cidade e a Noiva são símbolos da igreja.

Não podemos nos conformar com a desolação da igreja. Precisamos nos levantar também para falar a ela e orar por ela. Isso é avivamento! Como deve ser essa intercessão?

Em primeiro lugar, *é um clamor motivado pelo amor* (Isaías 62:1a). "Por amor de Sião, me não calarei e, por amor de Jerusalém, não me aquietarei [...]". O que move o profeta a pregar e a interceder por Jerusalém é seu amor por ela. Só intercede pela igreja quem a ama. A igreja é a noiva do Cordeiro, ela é amada no céu e deve ser amada na terra. Por ela devemos levantar o nosso amoroso clamor. Não podemos nos conformar em ver a igreja do Deus vivo sendo envergonhada, sendo humilhada, sendo objeto de opróbrio. Ela foi destinada a ser uma coroa de glória. Sua glória precisa ser vista pelas nações. Ela é o luzeiro do mundo.

Em segundo lugar, *é um clamor marcado por senso de urgência* (Isaías 62:1b). "[...] até que saia a sua justiça como um resplendor, e a sua salvação, como uma tocha acesa". O profeta confessa que não pode se calar nem se aquietar enquanto não ver o seu pedido em favor da igreja respondido. Ele tem pressa e não está disposto a desistir do seu clamor.

Qual é o motivo do seu clamor? A manifestação da justiça e da salvação da noiva. Ele está pedindo por um avivamento espiritual. Ele está pedindo que a glória da igreja seja vista, que sua justiça seja manifesta, que seu esplendor resplandeça diante dos homens. Ele quer que o tempo de opróbrio seja algo do passado. Oh, quantas vezes olhamos e vemos escândalos, vexame, opróbrio, enquanto a justiça e o esplendor da igreja deveriam ser manifestados ao mundo!

Em terceiro lugar, *é um clamor cheio de expectativa* (Isaías 62:6). "Sobre os teus muros, ó Jerusalém, pus guardas [...]". Aqueles que oram são como guardas sobre os muros, de olhos atentos aos perigos que ameaçam a igreja e prontos a conclamar o povo de Deus à batalha. Orar é entrar numa renhida peleja. Lutamos pela igreja. Nessa luta não podemos dormir nem ficar desatentos. Precisamos de permanente vigilância. A vida cristã não é uma ilha paradisíaca, mas um campo de guerra.

Orar é ter a expectativa da ajuda naquele que é o Senhor dos Exércitos. Oração sem expectativa não é oração. A oração que não aguarda a resposta não é verdadeira. Quem ora, faz como Habacuque: "Sobe à torre de vigia e espera a resposta de Deus" (Habacuque 2:1).

Quem ora age como Jacó: agarra-se ao Senhor e não o larga até receber a bênção (Gênesis 32:26). Quem ora, espera grandes coisas do Senhor, como o leproso o fez: "Senhor, se tu quiseres, podes purificar-me" (Mateus 8:2). Quem ora sabe que a oração produz convulsões e revoluções bombásticas na história (Apocalipse 8:3-5), por isso se mantém na expectativa.

Em quarto lugar, *é um clamor perseverante* (Isaías 62:6). "[...] que todo o dia e toda a noite jamais se calarão [...]". O profeta clama noite e dia. Seu pedido é não apenas urgente, mas também perseverante. O avivamento da igreja, o despertamento da noiva é uma necessidade que não pode mais esperar. Temos clamado pela igreja com perseverança? Temos colocado a noiva do Cordeiro a cada dia no altar? Temos nos colocado na brecha em favor do povo de Deus?

A dificuldade da igreja não é orar, mas perseverar na oração. Jesus falou da necessidade de orar sem cessar e nunca esmorecer (Lucas 18:1). Paulo diz que devemos orar sem cessar (1Tessalonicenses 5:17). Elias não desistiu de orar, até que na sétima vez viu uma nuvem no céu, prenunciando a chuva torrencial. Jesus diz a seus discípulos: "Permanecei na cidade até que do alto sejais revestidos de poder" (Lucas 24:49). Os discípulos perseveraram, unânimes em oração, até que o Espírito Santo foi derramado (Atos 1:14). Isaías fala de orar todo dia e toda noite. Somos como os guardas que todo o dia e toda a noite jamais se calam. Não podemos esmorecer. Não podemos desanimar. Os intercessores devem fazer soar sua voz perseverantemente. Só aqueles que perseveram na oração veem os grandes livramentos de Deus. Só aqueles que mantêm a chama da intercessão acesa contemplam a plena restauração da igreja.

O avivamento na Coreia do Sul, no século passado, começou com uma reunião de oração ao meio-dia. Depois de um mês, um irmão propôs acabar com a reunião. "Estamos perdendo tempo. Já oramos um mês e nada aconteceu". Mas a igreja não desanimou e logo depois o avivamento chegou e ainda hoje vemos os sinais desse poderoso avivamento.

Em quinto lugar, *é um clamor firmado nas próprias promessas de Deus* (Isaías 62:6). "[...] vós, os que fareis lembrado o SENHOR [...]". Precisamos orar firmados nas próprias promessas de Deus. Devemos lembrar a Deus o que Ele prometeu em sua Palavra. Ele vela por ela em cumpri-la. Oração por avivamento, portanto, é a oração que lembra a Deus as suas promessas. Assim, orar eficazmente é orar a palavra de Deus. É orar baseado nas promessas divinas. É orar segundo a sua vontade (1João 5:14). Orar poderosamente é reivindicar a Deus o que Ele nos prometeu em sua palavra. É orar as promessas divinas. Vale destacar que Deus vela por cumprir sua palavra. Nenhuma de suas promessas cai por terra. Sua palavra não pode falhar. Foi assim que Josafá orou (2Crônicas 10:5-12). Foi Assim que Daniel orou (Daniel 9:4-19). Foi assim que Neemias orou (Neemias 1:5-11). Todas as grandes orações registradas na Bíblia estão fundamentadas nesse princípio. Salomão quando orou, citou as palavras de Deus. Daniel quando orou, citou as promessas de Deus. Neemias quando orou, reivindicou as promessas de Deus. Ora segundo a vontade de Deus aquele que ora com base em suas promessas.

Em sexto lugar, *é um clamor fatigante* (Isaías 62:6). "[...] não descanseis". Devemos orar sem esmorecer. Devemos orar sem desanimar. Nada pode nos deter nessa busca. A igreja não pode continuar sendo motivo de opróbrio. Nada é mais difícil para um homem carnal do que orar. A oração provoca-lhe sono e cansaço. Ele se ajoelha e em cinco minutos já não tem mais o que falar. A oração é fruto da intimidade com Deus. Não temos longas conversas com estranhos. Só amamos conversar com quem temos intimidade.

Aqueles que oram pela restauração da igreja não podem se render ao cansaço. Oração é guerra. É batalha. Produz fadiga e esgotamento. Mas aqueles que anseiam ver a restauração da igreja não podem afrouxar as mãos, não podem descansar nem ensarilhar as armas. É preciso vigor para prosseguir. É preciso tenacidade para não retroceder. É preciso disposição para não se acomodar.

Devemos orar com suor, com lágrimas e com sangue como Jesus no Getsêmani. Davi Brainerd suava de molhar a camisa, nas noites geladas no meio da selva, até que Deus derramou seu Espírito sobre os índios peles vermelhas. Acerca de Mônica, mãe de Aurélio Agostinho, depois de orar pelo filho trinta anos, disse Ambrósio: "Filho de tantas lágrimas não poderia perecer". Ana orou perseverantemente até que Deus ouviu seu clamor, abriu a sua madre e fez dela a mãe de Samuel, o maior profeta de sua geração. Devemos orar como o amigo que buscou ajuda à meia noite (Lucas 11:5-8).

Em sétimo lugar, *é um clamor importuno* (Isaías 62:7). "Nem deis a ele descanso [...]". O texto diz que não devemos dar a Deus descanso. Devemos bater à porta da graça e insistir nessa causa.

Muitos oram pouco; outros não oram o suficiente. Alguns começam e logo desistem. Muitos não têm paciência para esperar o tempo de Deus. A Bíblia nos ensina a orar e a insistir com Deus. Devemos ser como o amigo que foi pedir pão à meia-noite. Devemos ser como a viúva importuna.

Os intercessores não podem dar a Deus descanso. Precisam pedir, buscar e bater constantemente à porta da graça. Nossa oração precisa ter esse senso de urgência. Precisa ser importuna. Precisa insistir com Deus e continuar insistindo. Muito embora a mão de Deus não esteja encolhida nem seus ouvidos fechados ao nosso clamor, nós precisamos lembrá-lo de suas promessas e não dar descanso a Ele com nossos rogos. Essa é a oração que agrada a Deus e abençoa a igreja.

Lutero diz que orar é bombardear o céu. Devemos insistir como Jacó: "Não te deixarei ir se tu não me abençoares" (Gênesis 32:26). Esse foi o clamor de Moisés: "Agora, pois, perdoa-lhe o pecado; ou, se não, risca-me, peço-te, do livro que escreveste" (Êxodo 32:32). Devemos ser importunos como aquela viúva que batia à porta do juiz (Lucas 18:1-8). Devemos importunar Deus como fez Abraão em favor de Ló e sua família. Foi assim, que os jovens universitários de Oxford oraram pelo avivamento da Inglaterra em 1739. Foi assim que Evan Roberts orou pelo avivamento do País de Gales em 1904. Foi assim que Jeremiah Lanphier, missionário urbano, orou pelo avivamento dos EUA em 1857.

Em oitavo lugar, *é um clamor que não desiste nem abre mão da resposta* (Isaías 62:7). "[...] até que [...]". Esta oração não cessa até que a resposta chegue. A expressão "até que [...]" deve nos ensinar a não desistir da oração porque a resposta ainda não chegou. Se Deus parece demorar não é porque Ele desistiu de nós, mas é porque age no seu tempo, para o louvor de sua glória, para nos dar coisas maiores do que planejamos. Seus caminhos são mais altos do que os nossos e seus pensamentos mais elevados do que os nossos.

Nossa oração não pode ser trôpega, oscilante, covarde. Não orar até que fiquemos esgotados. É orar até que a resposta chegue.

George Muller teve mais de três mil orações específicas respondidas. Todavia, dois amigos pelos quais orou a vida toda, até o dia de sua morte, continuaram com o coração endurecido. Um converteu-se no dia de sua morte; o outro, no dia do seu sepultamento.

O profeta Oseias diz: "É tempo de buscar ao SENHOR, até que ele venha, e chova a justiça sobre nós" (Oseias 10:12). Em face da promessa de Jesus em Lucas 24:49, os discípulos oraram perseverantemente e unanimemente até que o Espírito Santo foi derramado (Atos 1:14; 2:1-3). O avivamento na África do Sul foi gestado em oração durante doze anos antes de tornar-se realidade.

Em nono lugar, *é um clamor específico* (Isaías 62:7). "[...] até que restabeleça Jerusalém e a ponha por objeto de louvor na terra". O intercessor sabe o que está pedindo e está disposto a continuar pedindo até ver sua oração respondida. Ele não pede prosperidade, cura, milagres ou sucesso. Ele quer algo maior. Ela quer que Jerusalém seja estabelecida. Ele quer que ela seja um objeto de louvor na terra.

Oh, quantas vezes nossas orações são marcadas por um doentio egoísmo: "Senhor, abençoa minha vida, minha família, minha saúde, minha parentela", enquanto devíamos orar com mais fervor pela restauração da igreja. Paulo ora para que a igreja seja revestida de poder. Ele derrama sua alma em favor da igreja para que ela seja um objeto de louvor na terra.

A oração erguida aos céus não é por coisas materiais, mas por restauração espiritual. É um pedido para que Deus restabeleça Jerusalém e a coloque por objeto de louvor na terra. Precisamos, de igual forma, orar pela restauração da igreja. Não raro ela tem perdido o vigor do seu testemunho e sido motivo de zombaria no mundo. Nosso clamor deve ser pela restauração da igreja, a fim de que ela seja um luzeiro a brilhar e um instrumento poderoso nas mãos do Senhor para trazer glória para o nome de Deus, no céu, e salvação para os pecadores, na terra.

O desejo de Isaías é que a cidade desolada se tornasse uma coroa de glória na mão do Senhor (Isaías 62:3), a delícia de Deus (Isaías 62:5).

A igreja está desolada. As famílias estão desoladas. É tempo de orarmos por restauração, pela volta dos pródigos, pelo arrependimento dos impenitentes, pela conversão dos filhos.

No dia 23 de setembro de 1723, Ludwig Van Zinzendorf começou uma reunião na Alemanha que durou 100 anos ininterruptamente. Esse movimento desencadeou uma renovada paixão pela obra missionária. Os moravianos enviaram mais missionárias em poucas décadas do que toda a igreja da Alemanha havia feito em mais de duzentos anos.

Na época de Moody, uma viajante assim se expressou: "Hoje eu vi uma reunião de oração de mil e trezentos quilômetros". Todo o país era uma corrente de oração. Mais de dois milhões de pessoas foram salvas.

É tempo de orarmos até que Deus venha sobre nós e nos traga um tempo de refrigério, um poderoso derramamento do Espírito!

O VALOR DA NOIVA

Destacaremos, aqui, três pontos muito importantes:

Em primeiro lugar, *a noiva tem um novo nome* (Isaías 62:2). Deus mudou a nossa sorte. Ele nos tirou das trevas, da escravidão, da morte. Ele nos deu um novo coração, uma nova vida, um novo nome. Somos novas criaturas. Somos adotados na família de Deus. Deus é o nosso Pai. Jesus é o nosso irmão primogênito. Somo herdeiros de Deus. Somos coparticipantes da natureza divina. O nosso nome está escrito na palma da mão de Deus. Está registrado no livro da vida. Fomos selados com o Espírito Santo. Somos propriedade exclusiva de Deus. Somos filhos, herdeiros, a menina dos olhos de Deus.

Em segundo lugar, *a noiva tem um novo status* (Isaías 62:4). Nunca mais a igreja será chamada de desamparada ou desolada. A igreja jamais será escarnecida e ultrajada. O amor do Noivo é transcendental. Ele perdoa sua noiva, restaura-a, transforma-a e a recebe como se jamais ela tivesse sido infiel. Seu passado de vergonha é cancelado. Sua infidelidade é curada e perdoada. Agora é uma noiva aceita, amada. O Senhor desposa a noiva. Como o profeta Oseias perdoou Gômer e a desposou, Deus nos perdoa, nos restaura e nos desposa. Jesus não amou uma noiva perfeita. Estávamos perdidos, cegos, endurecidos e mortos. Éramos filhos da ira e andávamos desgarrados como ovelhas. Mas Ele nos amou e pôs o seu coração em nós.

Em terceiro lugar, *a noiva tem um novo relacionamento* (Isaías 62:4). Em vez de trazer desgosto para seu noivo, a noiva agora é sua delícia. Deus não olha para você com nojo, Ele não vira o rosto. Ele olha para você com doçura, com ternura. Você é filho, herdeiro, ovelha, propriedade exclusiva, herança, a menina dos olhos, a delícia de Deus. Ele se delicia em você. Ele está encantado com você. Deus olha você coberto com a justiça de Cristo. Nossa justiça jamais seria suficiente. Aos olhos de Deus nossas justiças são como trapo de imundícia. Mas Cristo nos cobriu com seu manto de justiça. Seu sangue nos lavou. Agora não pesa mais nenhuma condenação sobre nós. Agora somos aceitos no Amado. Agora o ouro da glória de Deus cobre a madeira retorcida da acácia. Somos o santuário onde Deus habita.

O ESPLENDOR DA NOIVA

Duas verdades magnas são aqui acentuadas:

Em primeiro lugar, *a noiva é uma coroa de glória na mão do Senhor* (Isaías 62:3). Quando o profeta descreve o fulgor dessa noiva, ele não encontra nenhuma expressão mais forte para descrevê-la do que uma coroa de glória. A coroa é símbolo de vitória, de realeza, de conquista. A noiva é bela, é encantadora, é esplendorosa, é vitoriosa e está na mão do Senhor. Apocalipse 21:9-27 descreve a beleza dessa noiva: 1) Ela é bonita por fora (v. 11); 2) ela é bonita por dentro (v. 19); 3) ela está edificada sobre o fundamento dos apóstolos (v. 14); 4) ela é aberta a todos (v. 13); 5) ela não é aberta a tudo (v. 27); 6) ela não faz acepção de pessoas (v. 16); 7) ela é gloriosa (v. 18); 8) ela tem total intimidade com Deus (v. 22); 9) ela obedece ao seu Senhor (22:3); 10) ela reinará com Cristo (22:5).

Em segundo lugar, *a noiva é um diadema real na mão de Deus* (Isaías 62:3). O diadema era a coroa do conquistador. A igreja é a escrava resgatada, amada, conquistada por Jesus para ser sua noiva. Ele a apresenta como uma coroa, um diadema real. A igreja é um troféu da graça de Deus. Ela será apresentada bela, santa, sem ruga nem defeito. Receberemos um novo corpo, um corpo de glória semelhante ao corpo do Senhor Jesus. Brilharemos como o sol e como as estrelas. Nem olhos viram nem ouvidos ouviram o que Deus preparou para aqueles que amam. O velho hino diz: "metade da glória celeste, jamais se contou ao mortal".

O AMOR DO NOIVO

Destacaremos três fatos benditos aqui:

Em primeiro lugar, *a noiva é desposada pelo noivo divino* (Isaías 62:5). Jesus se dispõe a casar-se com a igreja. Ele fez dela sua noiva, sua amada. Ele não a deixou desamparada, mas a acolheu, a amou, entregou-se por ela, amou-a com amor eterno. Ele deixou a glória, veio ao mundo. Fez-se carne. Fez-se pobre. Suportou o escárnio, a zombaria, as cusparadas, as afrontas, a ignomínia da cruz para desposar essa noiva. Atraiu-a com cordas de amor. Morreu por ela para dar a ela a vida eterna. Oh, sublime amor, antigo amor, bendito amor! Ele nos amou e a si mesmo se entregou por nós. Ele entrou numa aliança eterna conosco e não desiste de nós mesmo quando pecamos contra Ele. Seu amor é eterno, perseverante, santificador, sacrificial.

Em segundo lugar, *a noiva é a alegria do noivo* (Isaías 62:5). A igreja é a amada de Cristo. Quem toca nela toca na menina dos seus olhos. Você tem valor para Jesus. Como um noivo se alegra com a noiva, assim Ele se alegra com você. De todos os tesouros da terra, de todas as belezas do universo, o que mais alegria traz ao coração de Jesus é você. Ele suportou a ignomínia da cruz e dela não fez caso por causa da alegria que lhe estava proposta, a alegria de conquistar o seu coração.

Em terceiro lugar, *a noiva é a delícia do noivo* (Isaías 62:4). A expressão usada aqui é mais forte do que alegria. A igreja é o prazer supremo do noivo. Ele viu o penoso trabalho da sua alma e ficou satisfeito. Há alegria diante dos anjos por um pecador que se arrepende. Ele cuida de você, perdoa você, dá a você a vida eterna. Você é a delícia de Deus. Você encanta os olhos de Deus. O coração de Jesus salta de prazer e delícias por ter você para Ele. Jesus anseia por você com ciúmes. Você vale mais do que finas joias. Aquele que é feliz em si mesmo, que tem tudo em si mesmo e que é dono de tudo, delicia-se em você. Oh! Amor bendito, o amor de Cristo!

AS PROMESSAS DO NOIVO

Dois destaques serão feitos aqui:

Em primeiro lugar, *a proteção do noivo* (Isaías 62:8). Deus jura por si mesmo, por não ter ninguém maior a evocar, nos proteger do inimigo. Somos um povo mais do que vencedor. Somos vitoriosos. O inimigo já foi desbaratado. Já triunfamos com Cristo. Já estamos assentados com Ele nas regiões celestes.

A Babilônia havia levado embora todo o fruto do trabalho do povo de Deus. Eles trabalharam, mas não desfrutaram. Mas, agora, Deus promete que o inimigo não vai mais saquear seu povo. Deus é o nosso protetor. Ele é o nosso defensor. Mesmo que se levante contra nós o próprio inferno, ainda assim seremos mais do que vencedores. O apóstolo Paulo fez cinco perguntas gloriosas em Romanos 8:31-35:

1) Se Deus é por nós, quem será contra nós?
2) Aquele que não poupou ao seu próprio Filho, antes por todos nós o entregou, porventura não nos dará graciosamente com ele todas as coisas?
3) Quem os condenará?
4) Quem intentará acusação contra os eleitos de Deus?
5) Quem nos separará do amor de Cristo?

Em segundo lugar, *a fruição das bênçãos do noivo* (Isaías 62:9). Vamos experimentar a posse das bênçãos desde agora. A bem-aventurança não é apenas para uma vida futura, mas para agora. Vamos plantar e colher. Vamos sentir o sabor do céu desde agora. Vamos nos deleitar em Deus e nas suas bênçãos desde agora. Nada nem ninguém neste mundo ou no porvir poderá nos impedir de louvar a Deus, de nos deleitar em Deus e nas suas gloriosas dádivas.

A VINDA DO NOIVO

Quatro verdades importantes são postas aqui:

Em primeiro lugar, *a preparação para sua vinda* (Isaías 62:10). Jesus vem. Precisamos nos preparar. Precisamos preparar o caminho, aterrar a estrada, limpar as pedras e arvorar a bandeira. Ele vem em majestade e glória. Precisamos estar atentos. As quatro fases das bodas judaicas são: noivado + preparação + vinda + festa.

Em segundo lugar, *o esplendor da sua vinda* (Isaías 62:11). Sua vinda é pessoal, física, visível, audível, poderosa e gloriosa. Todo o olho o verá. Ele faz com que sua voz seja ouvida até as extremidades da terra. Para a igreja é a chagada do Salvador. Para o mundo incrédulo é a chegada do Juiz. Ele não virá como servo sofredor. Ele não virá montado num jumentinho, mas ele virá nas nuvens com grande poder e muita glória. Será acompanhado de um séquito de anjos. Os remidos glorificados voltarão com ele. Será um dia glorioso!

Em terceiro lugar, *a recompensa da sua vinda* (Isaías 62:11). O noivo vem não apenas em glória, mas vem trazendo recompensa ao seu povo. Ele não é apenas Salvador, mas galardoador. Até um copo de água fria que você der a alguém jamais ficará sem recompensa. Quem receber uma criança em seu nome, o recebe; e quem o recebe, recebe quem o enviou. Muitos entrarão no céu com cheiro de fumaça, mas outros receberão galardões. A prestação de contas não é aqui. Se formos encontrados fiéis, receberemos a coroa da vida, a coroa da justiça e a coroa da glória. Então ouviremos: "Bom está servo bom e fiel, foste fiel no pouco, agora sobre o muito te colocarei". "Vinde, benditos de meu Pai, entrai na posse do Reino que vos está guardado desde a fundação do mundo".

Em quarto lugar, *a bem-aventurança eterna da noiva na vinda do noivo.* Não haverá mais pecado nem maldição. Não haverá mais dor, nem lágrimas, nem luto. Seremos redimidos não só da condenação e do poder do pecado, mas também da sua presença. Seremos um povo santo, remido do Senhor. Entraremos na glória não por nosso próprio esforço. Não por nossas obras. Não por nosso crédito, mas seremos o povo redimido do Senhor.

Capítulo

2

UMA VOLTA URGENTE PARA DEUS

Hernandes Dias Lopes

Arrepender-se e viver ou não se arrepender e morrer. Não há duas escolhas. Só existe uma opção. Deus propõe a seu povo a vida ou a morte; a bênção ou a maldição; o arrependimento ou o juízo.

A hora era de emergência. O juízo já estava lavrado, a sentença, proclamada. Os gafanhotos, a seca, o fogo e os exércitos assírios eram os agentes do próprio Deus da aliança para disciplinar seu povo.

Nuvens pardacentas já se formavam no horizonte. Já se podia ouvir o barulho dos carros de guerra e o resfolegar dos cavalos que se aproximavam para invadir a nação de Judá. A terra seria devastada. As cidades, saqueadas. As casas invadidas. As famílias destruídas. A situação parecia irreversível, uma vez que era o próprio Deus quem trazia esses elementos de juízo sobre a nação.

No meio da tormenta, entretanto, soa um alarme que retine nos ouvidos do povo. Na sua infinita e incompreensível compaixão, Deus oferece à nação, na undécima hora, uma oportunidade de arrepender-se. As entranhas de Deus se comovem, e Ele, com ternura, chama seu povo a voltar-se para si. Aponta-lhe o caminho da vida. Lança luz em suas trevas. Pavimenta-lhe a estrada da restauração.

O arrependimento é o único caminho da restauração. É a única porta de escape do juízo. O arrependimento é o único portal da vida. Resta ao pecador arrepender-se e viver ou não se arrepender e morrer. Dionísio Pape ressalta o fato de que não era suficiente ser o povo do Senhor. Não bastava morar na terra santa. Era necessária a conversão integral ao Senhor.[1]Vamos considerar essa volta para Deus.

A NATUREZA DA VOLTA PARA DEUS

Deus não apenas chama seu povo a voltar-se para Ele, mas detalha como deve ser essa volta. Ele não apenas dá o diagnóstico da doença do povo, mas oferece-lhe o remédio da cura. Como deve ser essa volta?

Em primeiro lugar, *é uma volta para uma relação pessoal com Deus*. "[...] diz o SENHOR: 'Convertei-vos a mim [...]'" (Joel 2:12). Encontramos aqui o verdadeiro milagre da graça, pois o ofendido é busca a restauração do ofensor; o ofendido é quem convida o transgressor a renunciar sua desobediência.[2] João Calvino enfatiza o fato de que Joel não está falando em seu próprio nome, mas

---
[1] PAPE, Dionísio. *Justiça e esperança para hoje*. 1983, p. 28.
[2] GIVEN, J. J. *Joel*. Em *The Pulpit Commentary*. Vol. 13. 1978, p. 37.

em nome do próprio Deus. Assim, ao introduzir o próprio Deus como aquele que fala, torna o seu discurso ainda mais grave e mais urgente.[3]

Leslie Allen está correto quando diz que o imperativo *convertei* evoca o relacionamento pactual. O povo de Deus é como o filho pródigo que precisa voltar ao lar do Pai celestial.[4] Não basta cair em si, é preciso voltar para casa. Não basta ter convicção de pecado, é preciso por o pé na estrada de regresso para Deus. A tristeza pelo pecado é apenas uma parte do arrependimento, que deve ser acompanhado por uma volta sincera e urgente para Deus.[5] O caminho da volta é aberto quando voltamos nossas costas ao pecado e a face para o Senhor. Não há restauração espiritual sem volta para Deus. Não é apenas um retorno aos rituais do templo, mas um retorno para uma relação íntima com Deus. Não é apenas um retorno à igreja, à doutrina, à ortodoxia, a uma vida moral pura, mas uma volta para uma relação pessoal com Deus. O povo de Judá tinha uma relação mística com o templo. Eles sacralizaram de tal forma o templo que fizeram dele um ídolo (Jeremias 7:4). A confiança estava no templo do Senhor e não no Senhor do templo. Eles haviam substituído o relacionamento pessoal com Deus pelos rituais religiosos. Hoje, semelhantemente, muitas vezes, substituímos o Deus da obra pela obra de Deus. Mas o Senhor

---

[3] CALVINO, João. *Commentaries on the Twelve Minor Prophets*. S.d., p. 14.
[4] ALLEN, Leslie C. *Joel*. Em New Bible Commentary. Editado por G. J. Wenham *et all*. 1994, p. 786.
[5] SCHMOLLER, Otto. *The Book of Joel*. Em Lange's Commentary on the Holy Scriptures. Vol. 7. Zondervan. Grand Rapids, MI. 1980, p. 22.

está mais interessado em quem nós somos do que no que nós fazemos. Vida com Deus precede trabalho para Deus. O Deus da obra é mais importante do que a obra de Deus. Ativismo religioso sem comunhão com Deus não o agrada.

É triste constatar que Deus não tem sido o centro das atenções e das aspirações do seu povo. Cada um corre atrás de seus próprios interesses, como nos dias de Ageu, o profeta (Ageu 1:9), e deixa o Senhor de lado. É por isso que essa volta é tão necessária.

Em segundo lugar, *é uma volta com profundidade.* "[...] de todo o vosso coração" (Joel 2:12). O povo de Judá estava endurecido e indiferente à voz de Deus. Como ébrios, eles faziam troça das advertências divinas. Viviam para seus prazeres e não se importavam com as exortações do Senhor. O juízo estava às portas e eles folgavam em seus pecados. Antes de as taças da ira serem derramadas sobre eles, Deus ainda faz soar a trombeta da advertência, chamando-os mais uma vez ao arrependimento. Mas esse arrependimento precisa ser profundo, autêntico, sincero e total. Deus não aceitava coração dividido (Salmos 51:17). Ele não se satisfaz com uma espiritualidade cênica, teatral e farisaica. Ele vê o coração e requer verdade no íntimo.

São muitos aqueles que, num momento de forte emoção, após um congresso, um retiro espiritual ou uma mensagem inspirativa, fazem promessas lindas para Deus. Comprometem-se a orar com mais fervor, a ler a Palavra com mais avidez, a testemunhar com mais ardor. Outros derramam lágrimas no altar do Senhor, fazem votos solenes de que andarão com Ele em novidade de vida, mas todo esse fervor desaparece tão rápido como a nuvem do céu e o orvalho que se evapora da terra.

O povo de Deus hoje parece ser muito superficial. Promete o que não deseja cumprir. Honra a Deus apenas com os lábios, negam-no com sua vida e não se voltam para Ele de todo o coração.

Há aqueles que só andam com Deus na base do aguilhão. Só se voltam para Ele na hora que as coisas apertam. Só se lembram do Senhor na hora das dificuldades. Não se voltam para Ele porque o amam ou porque estão arrependidos, mas porque não querem sofrer. A motivação da busca não está em Deus, mas neles mesmos e no que podem receber dele. Para estes, o Senhor é descartável (Oseias 5:15; 6:14). Esses têm uma fé utilitarista. Mas Deus não tolera uma espiritualidade assim. Ele não aceita coração dividido. Ou somos inteiramente dele ou então não seremos aceitos.

Em terceiro lugar, *é uma volta com diligência*. "[...] e isto com jejuns [...]" (Joel 2:12). Deus proclama ao povo que não aceita uma forma comum de arrependimento. Antes de serem restaurados precisam ser tomados por uma profunda convicção de culpa e de como haviam ofendido a Deus. Por isso, deveriam chegar a Ele com jejum, diz Calvino.[6] Quem jejua tem pressa. Quem jejua está dizendo que a volta para Deus é mais importante e mais urgente que o sustento do corpo. Deus é mais importante para nós do que o próprio pão. "Não só de pão viverá o homem, mas de toda a Palavra que procede da boca de Deus" (Mateus 4.4).

---

[6] CALVINO, João. *Commentaries on the Twelve Minor Prophets*. S.d., p. 15.

O jejum é instrumento de mudança; não em Deus, mas em nós. Leva-nos ao quebrantamento, à humilhação e a ter mais gosto pelo pão do céu do que pelo pão da terra. Comemos e jejuamos para a glória de Deus (1Coríntios 10:31). Se nós comemos e jejuamos para a glória de Deus, por que, então, jejuar é importante? Qual é a diferença entre comer e jejuar? É que quando nós comemos, alimentamo-nos do pão da terra, o símbolo do Pão do céu, mas quando jejuamos, nós nos alimentamos da própria essência do Pão do céu. Jejum é fome de Deus.

Jejum não é greve de fome, regime para emagrecer ou ascetismo. Também não é meritório. Ele sempre se concentra em finalidades espirituais. Nosso jejum deve ser para Deus: "[...] Quando jejuastes [...] acaso, foi para mim que jejuastes, com efeito, para mim?" (Zacarias 7:5). Deve também provocar em nós uma mudança em relação às pessoas à nossa volta (Isaías 58:3-7). Se o nosso jejum não é para Deus e se não muda a nossa vida em relação às pessoas que nos cercam, então fracassamos.

O jejum é uma experiência pessoal e íntima (Mateus 6:16-18). Há momentos, porém, que ele se torna aberto, declarado, coletivo. Joel conclama o povo todo a jejuar nesse processo de volta para Deus (2:15). O rei Josafá, numa época de profunda agonia e de ameaça para o seu reino, convocou toda a nação para jejuar, e o Senhor lhe deu o livramento (2Crônicas 10:1-4,22). A rainha Ester convocou todo o povo judeu para jejuar três dias, e Deus reverteu uma sentença de morte já lavrada sobre os judeus exilados (Ester 4:16). Em sinal de arrependimento, toda a cidade de Nínive voltou-se para o Senhor com jejuns (Jonas 3:5-10).

Em 1756, o rei da Inglaterra convocou um dia solene de oração e jejum, por causa de uma ameaça por parte dos franceses. John Wesley comenta esse fato no seu diário, no dia 6 de fevereiro: "O dia de jejum foi um dia glorioso, tal como Londres raramente tem visto desde a restauração. Cada igreja da cidade estava lotada, e uma solene gravidade estampava-se em cada rosto. Certamente, Deus ouve a oração, e haverá um alongamento da nossa tranquilidade". Em uma nota ao pé da página, ele escreveu: "A humildade transformou-se em regozijo nacional porque a ameaça da invasão dos franceses foi impedida".

Certamente o jejum é uma bênção singular. Charles Spurgeon escreveu: "Nossas temporadas de oração e jejum no Tabernáculo têm sido, na verdade, dias de elevação; nunca a porta do céu esteve mais aberta; nunca os nossos corações estiveram mais próximos da glória".

Há alguns anos, um pastor presbiteriano da Coreia do Sul esteve no Brasil e contou-nos sua experiência de trabalhar arduamente na mesma igreja sem ver frutos. Buscou a Deus, humilhou-se e compreendeu que precisa voltar-se mais para junto do trono. Resolveu, então, num ato ousado, fazer um jejum de quarenta dias. Comunicou o fato à igreja e à família, subiu à montanha de oração da igreja e ali ficou orando a Deus, lendo a Palavra e sondando seu coração. Até o décimo oitavo dia, tudo parecia suave. Do décimo oitavo ao vigésimo quarto dia, uma fraqueza imensa tomou conta do seu corpo. Quase se desesperou, mas continuou firme. Do vigésimo quinto ao quadragésimo dia, uma doce paz invadiu sua alma, um gozo inefável tomou conta do seu coração.

O céu se abriu sobre sua cabeça e ele glorificou ao Senhor com alegria indizível.

Após o jejum, reiniciou seus trabalhos na igreja. Seus sermões tinham o mesmo conteúdo, mas havia uma nova unção. A Palavra de Deus atingia com poder os corações. De repente, a igreja começou a quebrantar-se e os pecadores vinham de todos os lados com pressa de entregar a vida a Jesus. Em três anos aquela igreja saiu da estagnação e já estava com seis mil membros.

Em quarto lugar, *é uma volta com quebrantamento.* "[...] com choro e com lágrimas [...]" (Joel 2:12). O profeta já havia conclamado os ébrios (Joel 1:5), os lavradores (Joel 1:11) e os sacerdotes (Joel 1:13) a uivarem diante do Senhor por causa da calamidade provocada pela invasão dos gafanhotos. Agora, convoca o povo todo a chorar diante de Deus pelos seus pecados (2:12). A restauração espiritual começa com choro e com lágrimas. Antes que a alegria da restauração brote como cura para o povo, é preciso que esse povo seja tomado pelo choro de profunda convicção de pecado.

O povo de Deus anda com os olhos enxutos demais. Muitas vezes desperdiçamos nossas lágrimas, chorando por motivos demasiadamente fúteis. Outras vezes, queremos anular as emoções, achando-as indignas, impróprias e até incompatíveis com a vida cristã. Achamos que o choro não tem lugar em nossa vida. É por isso que estamos tão secos. Se compreendermos o estado da igreja e a nossa própria situação e não choramos é porque já estamos endurecidos.

Temos chorado como Jacó chorou no Jaboque, buscando a restauração de sua vida? (Oseias 12:4). Temos chorado como Davi chorou ao ver sua família saqueada pelo inimigo? (1Samuel 30:4)? Temos chorado como Neemias chorou ao saber da desonra que estava sobre o povo de Deus? (Neemias 1:4). Temos chorado como Jeremias chorou ao ver os jovens da sua nação desolados, vencidos pelo inimigo, e as crianças jogadas na rua como lixo? (Lamentações 1:16; 2:11). Temos chorado como Pedro, por causa do nosso próprio pecado de negar a Jesus muitas vezes por covardia? (Lucas 22:62). Temos chorado como Jesus, ao ver a impenitência da nossa igreja e da nossa cidade? (Lucas 19:41).

Conhecemos o que é chorar numa volta para Deus? Nosso coração tem se derretido de saudades do Senhor? Há tempo de rir e tempo de chorar (Eclesiastes 3:4). Creio que este é o tempo de chorar, não de desespero, mas de arrependimento.

Em quinto lugar, *é uma volta com sinceridade*. "Rasgai o vosso coração e não as vossas vestes [...]" (Joel 2:13). Deus não se impressiona com o desempenho humano. Ele não se satisfaz com uma espiritualidade cênica. Ele não aceita um quebrantamento apenas exterior. Esse costume de rasgar as vestes era parte da reação cultural diante de uma crise (2Reis 19:1).[7] David Hubbard diz que a contrição interna é mais importante do que a manifestação externa de pesar. É o coração que deve ser atingido. É ele que deve ser rasgado.[8]

Nessa volta para Deus, não adianta usar o subterfúgio da teatralização. O Senhor não aceita encenação. Ele não se deixa

---

[7] ALLEN, Leslie C. *Joel*. Em the New Bible Commentary. Editado por G. J. Wenham *et all*. 1994, p. 786.
[8] HUBBARD, David Allan. *Joel e Amós*. 1996, p. 66.

enganar pelos nossos gestos, palavras bonitas e emoções sem quebrantamento. Diante dele não adianta usar fachada e fazer alarde de uma piedade forjada, como o fariseu (Lucas 18:11-14). Deus vê o coração (1Samuel 16:7). Diante dele não adianta "rasgar seda": é preciso rasgar o coração. Para Deus não é suficiente apenas estar na igreja (Isaías 1:12) e ter um culto animado (Amós 5:21-23). É preciso ter um coração rasgado, quebrado, arrependido e transformado.

J. J. Given diz que nessa volta sincera para Deus o símbolo deve ser substituído pelo simbolizado e as observâncias externas e as cerimônias devem ser substituídas pelo sentimento que elas representam.[9] Um coração arrependido e contrito é o que Deus requer. Um coração compungido jamais será desprezado por aquele que não se impressiona com rituais externos como rasgar as vestes, vestir-se com pano de saco e clamar com altas lamentações.[10]

A URGÊNCIA DA VOLTA PARA DEUS

"Ainda assim, agora mesmo [...]" (Joel 2:12). João Calvino diz que a expressão "ainda assim" é enfática. Embora o povo tivesse abusado da paciência de Deus e se aprofundado rebeldemente no pecado; embora o povo tivesse fechado a porta da oportunidade tantas vezes atrás de si para continuar nas suas transgressões,

---

[9] GIVEN, J. J. *Joel*. Em The Pulpit Commentary. Vol. 13. 1978, p. 37.
[10] Idem.

mesmo assim Deus ainda esperava por eles e lhes oferecia a esperança da salvação.[11]

David Hubbard está correto quando diz que embora o julgamento esteja presente, não é tarde para se arrepender.[12] A despeito da calamidade provocada pela invasão avassaladora dos gafanhotos que destruiu os campos, as árvores e seus frutos; a despeito da seca que fez mirrar no ventre do solo a semente; a despeito do fogo que devastou as pastagens; a despeito da fome que atingiu homens e animais; a despeito do colapso da economia; a despeito da cessação dos rituais do templo; a despeito da chegada iminente do aterrador, truculento e sanguinário exército assírio, na undécima hora, Deus ainda abre a porta do arrependimento para o povo e o convoca a voltar-se com urgência para Ele. O mesmo Senhor que troveja perante seu exército destruidor (2:11) oferece a esperança de livramento, diz David Hubbard.[13]

J. Sidlow Baxter diz que há aqui um apelo suplicante à nação para que se arrependa antes do golpe fatal ser desferido. Esse é um apelo da undécima hora. Na misericórdia de Deus, existe sempre essa oportunidade da undécima hora antes que ocorra um golpe maior de juízo.[14] Agora e não depois; hoje e não amanhã é o tempo de nos voltarmos para Deus.

---

[11] CALVINO, João. *Commentaries on the Twelve Minor Prophets*. N.d, p. 14.
[12] HUBBARD, David Allan. *Joel e Amós*. 1996, p. 66.
[13] Idem.
[14] BAXTER, J. Sidlow. *Examinai as Escrituras – Ezequiel a Malaquias*. 1995, p. 126.

A crise não deve nos empurrar para longe de Deus, mas para os seus braços. A frieza da igreja e o endurecimento dos corações não devem ser motivos desanimadores, mas impulsionadores para buscarmos a restauração da nossa vida espiritual. Os grandes avivamentos sempre aconteceram em tempos de crise. É quando os recursos da terra se esgotam que as comportas do céu se abrem. É quando a igreja parece um vale de ossos secos que o vento do Espírito sopra sobre ela e a levanta como um exército.

O tempo de voltar para Deus é agora. Nada é mais urgente do que esse encontro com o Senhor. Deus nos quer agora. O tempo de Deus é agora. Resta-nos nos arrepender e viver ou não nos arrepender e morrer. Não podemos agir insensatamente como Faraó. Quando o Egito estava atormentado pela praga das rãs, ele pediu a Moisés para orar a Deus, a fim de que a terra fosse liberta daquela calamidade. Moisés lhe perguntou: "Quando você quer que eu ore?". Ele respondeu: "Amanhã" (Êxodo 8:8-10).

Essa volta para Deus é urgente. Quando Deus fala, Ele deve ser ouvido. Quando Deus chama, prontamente devemos atender. O profeta Isaías adverte: "Buscai o SENHOR enquanto se pode achar, invocai-o enquanto está perto" (Isaías 55:6). Joel ordena: "Tocai a trombeta em Sião [...]" (2:15). A trombeta só era tocada em época de emergência. Mas estejamos atentos ao fato de que a trombeta é tocada em Sião e não no mundo. O juízo começa pela Casa de Deus (1Pedro 4:17). Primeiro a igreja precisa voltar-se para o Senhor, depois o mundo o fará. O avivamento começa com a igreja e, a partir dela, atinge o mundo. Quando a igreja acerta sua vida com Deus, do céu brota a cura para a terra (2Crônicas 7:14).

A MOTIVAÇÃO DA VOLTA PARA DEUS

"[...] porque ele é misericordioso, e compassivo, e tardio em irar-se, e grande em benignidade, e se arrepende do mal" (Joel 2:13). O profeta Joel aponta quatro motivações que nos leva a buscarmos a Deus com urgência.

Em primeiro lugar, *Deus é misericordioso e compassivo.* "[...] porque ele é misericordioso, e compassivo [...]" (Joel 2:13). É o caráter misericordioso de Deus e não nosso quebrantamento que nos garante a restauração espiritual. Warren Wiersbe diz que a única coisa que serve de estímulo para que nos arrependamos e voltemos para o Senhor é o caráter de Deus.[15] Matthew Henry destaca o fato de que devemos nos tornar para o Senhor, não somente porque ELE tem sido justo em punir-nos pelos nossos pecados, mas, sobretudo, porque Ele é gracioso e misericordioso em receber-nos quando nos arrependemos.[16]

Até na ira Deus se lembra da sua misericórdia (Habacuque 3:2). A restauração vem quando Deus afasta de nós sua ira e volta o seu rosto para nós (Isaías 64:7-9). Se houver arrependimento em nosso coração, teremos a garantia de que o Senhor usará de misericórdia para conosco e restaurará nossa sorte.

Em segundo lugar, *Deus é tardio em irar-se.* "[...] e tardio em irar-se [...]" (Joel 2:13). A misericórdia de Deus triunfa sobre sua ira sempre que seu povo se volta para Ele com o coração quebrantado. Deus não tem prazer na morte do ímpio (Ezequiel 33:11). Deus

---

[15] WIERSBE, Warren W. *Comentário Bíblico Expositivo.* Vol. 4. 2006, p. 417.
[16] HENRY, Matthew. *Matthew Henry's Commentary.* 1961, p. 1125.

não quer que ninguém pereça. Ele é rico em perdoar e tem prazer na misericórdia. A porta da graça estará aberta a todos quantos o buscam em tempo oportuno de o encontrarem.

Em terceiro lugar, *Deus se arrepende do mal* (Joel 2:13). "[...] e se arrepende do mal" (Joel 2:13). Quando Joel fala que "Deus se arrepende do mal" (2:13) está usando uma figura de linguagem. Isso é uma antropopatia. É atribuir a Deus um sentimento humano. A relação de Deus com o homem é bilateral. Na verdade, o propósito de Deus permanece imutável, pois Deus é imutável. Não é Deus quem muda, mas o homem. Matthew Henry esclarece esse ponto: "Quando a Bíblia diz que Deus se arrepende do mal não quer dizer que Deus muda a sua mente; ao contrário, quando a mente do pecador é mudada, a maneira de Deus tratar com ele é mudada; então, a sentença é revertida e a maldição da lei, suspensa".[17] O propósito de Deus é abençoar e não destruir. É dar vida e não matar. Porém, o caminho da vida é o arrependimento. É arrepender-se e viver ou não se arrepender e morrer. Se o homem não se arrepender enfrentará o juízo, mas se ele se arrepender o castigo é suspenso e, em lugar da morte, ele recebe a vida. Deus tem prazer na misericórdia e não na condenação.

Em quarto lugar, *Deus é o Deus da aliança*. "[...] convertei-vos ao Senhor, vosso Deus [...]" (Joel 2:13). Deus havia firmado uma aliança com seu povo. E nessa aliança, se o povo desobedecesse seria disciplinado com castigo, mas se reconhecesse seu pecado e se arrependesse, Deus o restauraria. Deus é fiel à sua aliança.

---

[17] HENRY, Matthew. *Matthew Henry's Commentary*. 1961, p. 1125.

A POSSIBILIDADE DA VOLTA PARA DEUS

"Quem sabe se não se voltará, e se arrependerá, e deixará após si uma bênção, uma oferta de manjares e libação para o SENHOR, vosso Deus?" (Joel 2:14). "Quem sabe" é uma forma humilde de oferecer esperança. Esta não é hora de arrogância, mas de expectativa, mantida sob controle mediante o temor da soberania de Deus.[18] A. R. Crabtree diz que essa pergunta é retórica. Quando o homem se volta para o Senhor, ele sabe logo que o Senhor já se voltou para ele (Jonas 3:9; Salmos 86:15; 103:8; Neemias 9:17).[19] O profeta Joel está dizendo que a volta é possível, porque quando o povo se volta para Deus, Deus se volta para o povo. Quando há arrependimento no coração do povo, há misericórdia de Deus endereçada ao povo. Quando há choro pelo pecado nos olhos do povo, há perdão de Deus para restaurar o povo. Concordo com David Hubbard quando disse que a volta do povo a Deus (Joel 2:12) será correspondida pela volta de Deus ao povo (Joel 2:14). Seu curso de ação estava voltado para o juízo; agora Ele se voltará para eles em graça, deixando atrás de si a bênção tangível de sua providência.[20] Com a volta do povo para Deus, o castigo é removido, as ofertas de manjares do culto são restauradas e a bênção divina segue em comboio. A restauração do povo e a restituição das bênçãos são consequências diretas e imediatas do arrependimento.

---

[18] HUBBARD, David Allan. *Joel e Amós*. 1996, p. 67.
[19] CRABTREE, A. R. *Profetas menores*. 1971, p. 43,44.
[20] HUBBARD, David Allan. *Joel e Amós*. 1996, p. 67.

Concordo com Charles Feinberg, quando disse que Deus está sempre mais disposto a abençoar do que a destruir; a perdoar do que a punir; a conquistar por amor do que a ferir pelo açoite. Sempre existe, pois, a possibilidade de o desagrado de Deus transformar-se em favor, quando seu povo se humilhar diante dele.[21] J. J. Given diz que a linguagem usada por Joel aqui é figurada, mas ao mesmo tempo, simples, natural e muito expressiva. Deus é representado aqui como um rei e um guerreiro, que tem sido ofendido pelos seus súditos, e que sai de seu palácio à frente do seu exército para castigar os rebeldes; mas ao encontrar seus súditos com uma postura de submissão e súplica, em vez de puni-los, demonstra a eles sua misericórdia e retorna ao palácio, deixando atrás de si sinais do seu favor e perdão.[22]

A CONVOCAÇÃO PÚBLICA DA VOLTA PARA DEUS

"Tocai a trombeta em Sião, promulgai um santo jejum, proclamai uma assembleia solene. Congregai o povo, santificai a congregação [...]" (Joel 2:15,16a). David Hubbard diz que a abrangência do chamado realça a urgência da necessidade e a natureza coletiva da culpa.[23] Um pecado nacional precisava ter um arrependimento nacional. Uma transgressão pública exige uma convocação pública ao arrependimento. Um profundo senso de pecado no coração

---

[21] FEINBERG, Charles L. *Os profetas menores*. 1988, p. 75.
[22] GIVEN, J. J. *Joel*. Em The Pulpit Commentary. Vol. 13. 1978, p. 37.
[23] HUBBARD, David Allan. *Joel e Amós*. 1996, p. 68.

dos indivíduos irá produzir frutos e encontrar expressão nas ações da comunidade. Três verdades devem ser aqui destacadas:

Em primeiro lugar, *um perigo nacional exige a convocação de uma assembleia pública*. "Tocai a trombeta em Sião, promulgai um santo jejum, proclamai uma assembleia solene" (Joel 2:15). O chamado urgente de Deus não era para o povo se preparar para a guerra, mas para o povo se preparar para o arrependimento. O problema maior do povo não era a chegada iminente do inimigo, mas o seu próprio pecado. Na verdade, quando há pecado no meio do arraial de Deus, o Senhor deixa de ser favorável ao seu povo, e este se torna vulnerável diante do inimigo (Josué 7:12). A derrota, então, se torna inevitável. A mais urgente chamada de Deus à igreja é para que ela se arrependa. As armas mais poderosas da igreja são as orações que brotam de um coração rasgado pelo sincero arrependimento. O arrependimento foi a mensagem central dos profetas, de João Batista, de Jesus Cristo, dos apóstolos, dos reformadores e dos avivalistas ao longo da história.

Em segundo lugar, *o nosso maior problema não vem de fora, mas de dentro* (Joel 2:15a). "Tocai a trombeta em Sião [...]". A trombeta devia soar em Sião e não nos ouvidos dos exércitos assírios. O problema do povo não era a presença do inimigo, mas a ausência de Deus. O nosso maior problema não são os adversários que nos cercam, mas o nosso próprio pecado. O juízo deve começar pela Casa de Deus (1Pedro 4:17). Estamos caídos pelos nossos próprios pecados (Oseias 14:1). Nunca seremos uma igreja forte se o pecado se instalar na congregação dos justos. O pecado é pior do que a fraqueza, do que a pobreza, do que a solidão, do que a doença e do que a fome e do que a própria morte. Todos esses males, por mais aviltantes, não podem nos separar de Deus, mas o pecado nos afasta de Deus agora e por toda a eternidade.

Em terceiro lugar, *o arrependimento precisa avançar do campo pessoal para o coletivo.* "[...] proclamai uma assembleia solene. Congregai o povo, santificai a congregação [...]" (Joel 2:15b,16a). O profeta Joel fala de um santo jejum, de uma assembleia solene, onde o povo deveria ser congregado e a congregação santificada. O arrependimento tinha que ganhar contornos coletivos. A devoção particular do jejum deveria ser agora pública. A nação inteira precisava se voltar para Deus. Ninguém podia ficar de fora desse processo de restauração.

OS INTEGRANTES DA VOLTA PARA DEUS

"[...] ajuntai os anciãos, reuni os filhinhos e os que mamam; saia o noivo da sua recâmara, e a noiva, do seu aposento. Chorem os sacerdotes, ministros do SENHOR, entre o pórtico e o altar, e orem: Poupa o teu povo, ó SENHOR, e não entregues a tua herança ao opróbrio, para que as nações façam escárnio dele. Por que hão de dizer entre os povos: 'Onde está o seu Deus?'" (Joel 2:16b,17). Depois de fazer uma convocação pública, o profeta Joel começa a particularizar os que devem fazer parte dessa volta para Deus.

Em primeiro lugar, *os anciãos.* "[...] ajuntai os anciãos [...]" (Joel 2:16). Os homens de entendimento e cabelos brancos devem ser exemplo para os demais em tempos de arrependimento coletivo. Sabedoria e experiência pertencem a eles, aconselhamento e ajuda se esperam deles.[24] A liderança precisa estar à frente, na vanguarda daqueles que se arrependem e se voltam para o Senhor. Os líderes são os primeiros que precisam ter pressa para acertar sua vida com Deus. Os anciãos são os primeiros que devem colocar o rosto em terra (Josué 7:6).

A igreja é o retrato da liderança que tem. Ela nunca está à frente de seus líderes. Estes devem ser os primeiros a atender a essa convocação pública. Devem ser os primeiros a comparecer às reuniões de oração e às noites de vigílias, colocando-se na brecha da intercessão pelo povo. A liderança precisa ser um exemplo para a igreja nessa volta para Deus.

Em segundo lugar, *os filhinhos*. "[...] reuni os filhinhos [...]" (Joel 2:16). Não apenas os anciãos, mas também os jovens deveriam se voltar para Deus com urgência. A força deles não poderia impedir a chegada do iminente perigo. Somente o arrependimento poderia poupar suas vidas de uma grande tragédia. Precisamos de jovens que conheçam o Senhor. Precisamos de jovens que chorem aos pés do Senhor. Precisamos de jovens que temam o Senhor e tremam diante dele. Precisamos de jovens que se deleitem no Senhor. Se de fato queremos um tempo de restauração para a igreja precisamos ter uma juventude com a fibra de José, que preferiu ser preso a ir para a cama do adultério (Gênesis 39.12). Precisamos ter uma juventude do timbre de Daniel, que se dispôs a sacrificar seu sucesso e até sua própria vida por fidelidade a Deus (Daniel 1:8).

---

[24] WOLFENDALE, James. *The Preacher's Complete Homiletic Commentary*. Vol. 20. 1996, p. 218.

Em terceiro lugar, *as crianças*. "[...] e os que mamam [...]" (Joel 2:16). Embora as crianças de peito estivessem ainda inconscientes do perigo, seriam inevitavelmente atingidas pelas consequências dos pecados de seus pais. Elas também precisavam estar presentes nessa assembleia solene para ver o choro dos seus pais e ser impactadas pela dor desse quebrantamento. Os mais tenros e menos protegidos estavam envolvidos nos perigos que ameaçavam seus pais e a condição deles deveriam tocar o coração de seus pais.[25]

Em quarto lugar, *os recém-casados*. "[...] saia o noivo da sua recâmara, e a noiva, do seu aposento" (Joel 2:16). Dentro da cultura judaica, um jovem recém-casado era dispensado do serviço militar por um ano e ficava isento de toda obrigação pública para dedicar-se à sua mulher e desfrutar das alegrias da vida conjugal (Deuteronômio 24:5). Mas essa era uma hora de emergência. O choro do arrependimento deveria substituir as alegrias das núpcias. Há tempo para todas as coisas, mas há momentos em que as alegrias individuais devem dar preferência aos interesses da comunidade toda.[26]

Em quinto lugar, *os sacerdotes*. "Chorem os sacerdotes, ministros do Senhor, entre o pórtico e o altar, e orem [...]" (Joel 2:17a). Os sacerdotes deveriam chorar e orar pelo povo. Eles deveriam não apenas chorar pelos seus pecados, mas também derramar lágrimas em favor da nação. Hoje, nossos pastores andam secos

---

[25] WOLFENDALE, James. *The Preacher's Complete Homiletic Commentary*. Vol. 20. 1996, p. 218.

[26] FEINBERG, Charles L. *Os profetas menores*. 1988, p. 76.

demais, pregam com os olhos enxutos demais, oram pouco demais. Um dos maiores obstáculos à restauração espiritual da igreja é a vida superficial dos ministros de Deus. Dwight Moody dizia que o maior problema da obra são os obreiros. Se os ministros não forem gravetos secos em chama, a lenha verde jamais começará a arder. Os ministros precisam sentir o fardo espiritual do povo pesando sobre seus ombros. Eles precisam ter o coração quebrado ao ver a sequidão espiritual presente no meio da congregação.

Por que os ministros de Deus devem chorar e a orar?

Para que a igreja não caia em opróbrio. "[...] poupa o teu povo, ó SENHOR, e não entregues a tua herança ao opróbrio, para que as nações façam escárnio dele [...]" (Joel 2.17b). Quando o inimigo prevalece sobre o povo de Deus, deixa de ser bênção para ser motivo de chacota. O pecado enfraquece a igreja e fortalece as mãos do inimigo; o testemunho da igreja é apagado e o povo de Deus é envergonhado e derrotado. Então, o ministro deve clamar ao Senhor por restauração não fiado nos merecimentos do povo, mas na generosidade do Deus da aliança. O profeta não está confiando no choro ou jejum do povo, mas no fato de o povo ser a herança de Deus. O Deus do pacto é o alicerce da sua intercessão.

Para que o nome de Deus não seja envergonhado. "[...] porque hão de dizer entre os povos: 'Onde está o seu Deus?'" (Joel 2:17). A maior preocupação do profeta não era propriamente com a condição do povo, mas com a glória de Deus. Quando a igreja se capitula ao pecado, o nome de Deus é blasfemado entre os gentios e a sua glória é maculada entre as nações. Oscar Reed diz que o medo de Joel não era só por causa de Israel, mas que as nações pagãs expressassem dúvidas sobre a existência ou o poder do Senhor com palavras escarnecedoras: "Onde está o seu Deus?".[27]

---

[27] REED, Oscar F. *O livro de Joel*. Em Comentário Bíblico Beacon. Vol. 5. 2005, p. 82.

Capítulo

3

AVIVAMENTO: QUANDO DEUS RESTAURA O SEU POVO

HERNANDES DIAS LOPES

Quando a igreja se volta para Deus e acerta sua vida com Ele, Deus se compadece do seu povo (Joel 2:18-27); em vez de fome, há fartura (Joel 2;19,24); em vez de opressão do inimigo, há libertação (Joel 2:20); em vez de tristeza e de choro, há alegria (Joel 2:21); em vez de seca, há chuvas abundantes (Joel 2:23); em vez de prejuízo, há restituição (Joel 2:25); em vez de vergonha, há louvor (Joel 2:26); em vez de lamentação e de solidão, há plena consciência de que Deus está presente (Joel 2:26,27).[1] É certo que, quando o povo se volta para Deus, Ele se volta para seu povo. O pecado é o opróbrio de uma nação. Nenhuma calamidade é tão desastrosa para um povo do que o pecado. O pecado é a causa; as tragédias, sua consequência. O reino de Judá estava assolado

---

[1] LOPES, Hernandes Dias. *Derramamento do Espírito.* Betânia. Venda Nova, MG. 1996, p. 74.

pela invasão aterradora dos gafanhotos, devastado pela seca e na iminência de ser invadido por um terrível exército. Mas essas calamidades físicas e políticas não eram acidentes da natureza nem mesmo da mudança do mapa político do mundo, mas uma ação direta da disciplina divina.

Deus, na sua bondade, chama o povo a voltar-se para Ele na undécima hora, e quando o povo se arrepende e volta, Ele também se volta para o povo, suspende o castigo e derrama sobre ele suas copiosas bênçãos. A graça de Deus é maior do que o nosso pecado. Onde há arrependimento sincero sempre haverá esperança de restauração.

De igual modo, é certo que quando Deus se levanta em favor de seu povo seus inimigos caem por terra. O problema da igreja não é a presença do inimigo, mas a ausência de Deus. Não somos derrotados pelas circunstâncias, mas pelo pecado. Quando há arrependimento no coração do povo de Deus, há vitória de Deus para seu povo. Deus desmantelou toda orquestração contra Judá. Os gafanhotos perderam sua força e foram afogados no mar e destruídos. As chuvas retidas foram derramadas copiosamente. A terra devastada pela seca implacável voltou a florescer e frutificar. Os armazéns vazios voltaram a transbordar de fartura. O gado do campo que gemia sob o peso da seca implacável voltou a alegrar-se com as pastagens luxuriantes. Os inimigos truculentos que chegavam para saquear e matar foram desviados de sua rota, dispersos e desbaratados.

O texto em apreço nos fala sobre três grandes verdades, que vamos agora considerar.

A RESTAURAÇÃO DAS BÊNÇÃOS PERDIDAS

Quando o povo retorna para Deus em penitência, então Ele se volta para o povo em graça. Deus ouve suas orações, remove o castigo e restaura as bênçãos tanto materiais como espirituais. Não há nenhuma contingência ou incerteza nessas promessas.

Vamos destacar alguns pontos importantes:

Em primeiro lugar, *as bênçãos restauradas* (Joel 2:18-20). James Wolfendale lança luz sobre o assunto em tela e destaca três bênçãos, que aqui vamos considerar:[2]

Primeira: *As bênçãos materiais são restauradas*. "E, respondendo, lhe disse: 'Eis que vos envio o cereal, e o vinho, e o óleo, e deles sereis fartos [...]'". (Joel 2:19a). A pobreza e a fome assolavam homens e animais em virtude do ataque dos gafanhotos e da seca severa. As chuvas foram retidas e o juízo de Deus caiu sobre um povo rebelde e desobediente. Mas, logo que o povo se voltou para Deus, as chuvas restauradoras foram derramadas, a terra voltou a florescer e a frutificar e os celeiros se encheram de cereal, vinho e óleo. Deus deu ao povo novamente a prosperidade, que não é apenas fruto do trabalho, mas também, e, sobretudo, da bênção divina. É Deus que nos dá forças para adquirirmos riquezas. É das mãos de Deus que procedem toda boa dádiva. É Deus quem envia a chuva e o sol e faz brotar a semente. É Ele quem enche a terra de fartura e a impregna de sua bondade.

---

[2] WOLFENDALE, James. *The Preacher's Complete Homiletic Commentary*. Vol. 20. 1996, p. 220,221.

Segunda: *O opróbrio nacional é removido.* "[...] e vos não entregarei mais ao opróbrio entre as nações" (Joel 2:19b). O opróbrio é algo terrível para o povo de Deus. Nada é mais triste do que o povo chamado para ser luz do mundo perder sua credibilidade diante dos olhos das nações. Nada é mais doloroso do que a igreja perder sua reputação diante daqueles a quem deve testemunhar. Judá tinha perdido sua comunhão com Deus, estava privada de sua bênção e sem autoridade para testemunhar do seu nome. A vergonha era um cálice amargo que o reino do sul estava bebendo dia e noite. Mas Deus levanta seu povo das cinzas da humilhação, restaura-lhe a dignidade e o põe como luz para as nações.

Terceira: *O poderoso inimigo é destruído.* "Mas o exército que vem do Norte, eu o removerei para longe de vós, lançá-lo-ei em uma terra seca e deserta; lançarei a sua vanguarda para o mar oriental, e a sua retaguarda, para o mar ocidental; subirá o seu mau cheiro, e subirá a sua podridão; porque agiu poderosamente" (Joel 2:20). Como não foram os gafanhotos nem os exércitos assírios que castigaram o povo de Judá, mas o braço onipotente de Deus, assim também a vitória e a restauração de Judá sobre seus inimigos não vieram de suas habilidades, mas da intervenção poderosa do braço de Deus.

A destruição dos inimigos de Judá foi completa, pois Deus os lançou em uma terra seca e deserta. Deus lançou sua vanguarda para o mar Morto (Êxodo 47:18) e sua retaguarda para o mar Mediterrâneo (Deuteronômio 11:24). A destruição dos inimigos foi merecida porque agiram insolentemente contra Deus e seu povo. A destruição dos inimigos também foi terrível, porque "[...] subirá o seu mau cheiro, e subirá a sua podridão [...]" (Joel 2:20). Essa descrição pode aplicar-se tanto aos gafanhotos como aos soldados assírios. Os bandos de gafanhotos foram afogados no mar e levados à praia pelas ondas. Esses bandos mortos são infames pelo cheiro horrível exalado por suas carcaças putrefatas.[3] Por outro lado, em uma noite, Deus matou cento e oitenta e cinco mil soldados assírios quando esses, insolentemente, cercaram Jerusalém e o rei Senaqueribe voltou para casa derrotado (Isaías 37:36-38). Os cadáveres devem ter criado um mau cheiro insuportável antes de serem enterrados.[4]

Em segundo lugar, *o caminho da restauração* (Joel 2:18,19). Duas condições são aqui estabelecidas para a restauração das bênçãos:

Primeira: *As bênçãos são restauradas por meio do arrependimento.* "Então, o SENHOR se mostrou zeloso da sua terra, compadeceu-se do seu povo" (Joel 2:18). A restauração é resultado do arrependimento. Só quando o povo se voltou para Deus em arrependimento é que Ele se voltou para o povo em graça. O caminho da restauração é o caminho do arrependimento. Deus nos salva do pecado e não no pecado.

Segunda: *As bênçãos são restauradas por meio da oração.* "E, respondendo, lhe disse [...]" (Joel 2:19a). A oração é a força mais poderosa da terra. Deus ouviu o clamor do povo e restaurou sua sorte. Quando você ora com o coração quebrantado, os céus se movem e milagres de Deus acontecem na terra. A oração move a

---

[3] HUBBARD, David Allan. *Joel e Amós.* 1996, p. 73.
[4] WIERSBE, Warren W. *Comentário bíblico expositivo.* Vol. 4. 2006, p. 417.

mão daquele que move o mundo. Quando o homem trabalha, ele trabalha; mas quando o homem ora, Deus trabalha. Deus reverteu aquela situação de calamidade sobre Judá quando o povo se voltou para Ele em oração.

Em terceiro lugar, *a base da restauração*. "Então, o SENHOR se mostrou zeloso da sua terra, compadeceu-se do seu povo" (Joel 2:18). Duas verdades são aqui destacadas pelo profeta como base da restauração:

Primeira: *A compaixão de Deus*. "O SENHOR se compadeceu [...]". (Joel 2:18) A restauração não é produto dos méritos do povo, mas da compaixão divina. Não merecemos as bênçãos divinas, mas Deus as concede por sua generosidade e graça. A causa do amor de Deus por nós não está em nós, mas nele mesmo. Seu amor é incondicional.

Segunda: *A aliança de Deus*. "[...] O SENHOR se compadeceu do seu povo" (Joel 2:18). Deus se compadeceu do "seu povo". Trata-se do povo da aliança. Deus já havia estabelecido os preceitos que deveriam governar esse povo. Se eles obedecessem receberiam as bênçãos do pacto (Levítico 26:3-13). Se eles se rebelassem receberiam as maldições do pacto (Levítico 26:14-39). Mas, se eles se arrependessem, então Deus os libertaria e os restauraria por sua misericórdia (Levítico 26:40-46). Deus é fiel para cumprir o que promete (2Crônicas 7:14)!

AS BÊNÇÃOS GRANDIOSAS DE DEUS

O inimigo havia feito grandes coisas contra o povo de Deus; agora, Deus iria fazer grandes coisas pelo povo: "Não temas, ó terra, regozija-te e alegra-te, porque o SENHOR faz grandes coisas" (Joel 2:21). As bênçãos seriam mais amplas do que o próprio julgamento e tanto homens como animais poderiam se alegrar pela restauração de estações frutíferas e privilégios espirituais.[5] James Wolfendale mais uma vez nos toma pela mão e nos ajuda a entender o texto em apreço, ao falar sobre as duas grandes bênçãos que Deus concede a seu povo.[6]

Em primeiro lugar, *as grandes bênçãos temporais* (Joel 2:22-25). Para um país agrícola como Judá, as bênçãos temporais de Deus atingiriam os campos, as lavouras e os animais. O profeta destaca algumas dessas bênçãos temporais:

Primeira: *As chuvas copiosas.* "Alegrai-vos, pois, filhos de Sião, regozijai-vos no SENHOR, vosso Deus, porque ele vos dará em justa medida a chuva; fará descer, como outrora, a chuva temporã e a serôdia" (Joel 2:23). Tanto os gafanhotos como a seca assolaram a terra. As lavouras pereceram e o gado gemia de fome (Joel 1:16-20). A terra, que era como o jardim do Éden, havia se tornado um deserto desolado (Joel 2:3). Somente a chegada de abundantes chuvas poderia restaurar essa terra seca e esses campos estéreis.

Logo que o povo se arrepende, Deus envia as chuvas, em justa medida; nem demais para provocar inundações nem de menos para serem insuficientes. Deus faz descer, novamente, como outrora, a chuva temporã, ou chuva do outono (outubro-dezembro), sendo especialmente bem-vinda por romper a seca

---

[5] WOLFENDALE, James. *The Preacher's Complete Homiletic Commentary.* Vol. 20. 1996, p. 221.
[6] Idem, p. 221-223.

do verão.⁷ Essa é a chuva especial para o plantio. Já a chuva serôdia (março-abril) cai especialmente na primavera, garantindo uma boa colheita por evitar que os cereais se ressequem ainda no pé.⁸As chuvas sobre a terra eram um prenúncio e um símbolo de uma chuva mais preciosa, o derramamento do Espírito Santo. Dionísio Pape diz que qual chuva no sertão em tempo de seca, assim o Espírito do Senhor desceria para irrigar a alma sedenta do homem.⁹ Oscar Reed está correto quando diz que se o Senhor deu a chuva temporã e a serôdia na forma de bênçãos materiais, também estava pronto para derramar bênçãos espirituais no dom do seu Espírito.¹⁰

Segunda: *As estações frutíferas*. "Não temais, animais do campo, porque os pastos do deserto reverdecerão, porque o arvoredo dará o seu fruto, a figueira e a vide produzirão com vigor" (Joel 2:22). Deus está revertendo as calamidades advindas pelo pecado (Joel 1:12). A assolação desencadeada pela transgressão é revertida pelo arrependimento. Onde se instalou a seca, agora caem as chuvas; onde as árvores frutíferas haviam perecido, agora elas produzem com vigor; onde os animais gemiam de fome, agora eles exultam de alegria. Tempos de restauração tinham vindo da parte do Senhor.

---

[7] HUBBARD, David Allan. *Joel e Amós*. 1996, p. 75.
[8] Idem.
[9] PAPE, Dionísio. *Justiça e esperança para hoje*. 1983, p. 29.
[10] REED, Oscar F. *O livro de Joel*. Em Comentário bíblico Beacon. Vol. 5. 2005, p. 84.

Terceira: *As colheitas copiosas*. "As eiras se encherão de trigo, e os lagares transbordarão de vinho e de óleo. Restituir-vos-ei os anos que foram consumidos pelo gafanhoto migrador, pelo destruidor e pelo cortador, o meu grande exército que enviei contra vós outros" (Joel 2:24,25). Em lugar da pobreza o povo recebe prosperidade. Em lugar de sementes mirradas no ventre da terra, o povo vê safras abundantes. Em lugar de celeiros vazios, o povo celebra colheitas recordes. Uma das bênçãos da obediência era abundância de frutos (Levítico 26:5). Por isso, quando o povo se voltou para Deus, mesmo que na undécima hora, as colheitas frustradas se transformaram em ceifas abundantes. As despensas vazias viram alimento com fartura e a pobreza extrema deu lugar à prosperidade e à riqueza. Deus restitui a eles tudo aquilo que fora destruído pelos gafanhotos, pela seca e pelos inimigos. O Deus a quem servimos é o Deus da restituição. Ele nos dá de volta tudo o que foi roubado e saqueado de nós (1Samuel 30:4-9).

Em segundo lugar, *as grandes bênçãos espirituais* (Joel 2:26,27). O profeta Joel elenca quatro bênçãos espirituais decorrentes da volta para Deus.

Primeira: *A restauração do louvor*. "Comereis abundantemente, e vos fartareis, e louvarcis o nome do Senhor, vosso Deus, que se houve maravilhosamente convosco [...]" (Joel 2:26). Devido ao pecado do povo e ao consequente julgamento de Deus, os sacrifícios não eram mais oferecidos no templo e a alegria do culto e dos louvores a Deus havia acabado (1:16). A perda dos privilégios espirituais era a maior de todas as calamidades de Judá. Eles preferiam Jerusalém, onde estava a Casa de Deus, à maior alegria (Salmos 137:6). A perda do pão era coisa de pouco valor diante da perda da adoração, pois não só de pão vive o homem, mas de toda palavra que procede da boca de Deus (Mateus 4:4). O fim principal do homem é glorificar a Deus e gozá-lo para sempre. É na presença de Deus que existe plenitude de alegria e é na sua destra que existem delícias perpetuamente (Salmos 16:11). Onde cessa a alegria do culto, cessa o sentido da vida.

Segunda: *A manifestação da presença divina.* "Sabereis que estou no meio de Israel e que eu sou o Senhor, vosso Deus, e não há outro [...]" (Joel 2:27). Nem sempre o povo de Deus reconhece a presença divina em seu meio. Uma coisa é a onipresença de Deus; outra bem diferente é sua presença manifesta. Deus está em toda parte, mas não está em toda a parte com sua presença manifesta. Quando isso acontece os corações se derretem e os homens se humilham debaixo da sua poderosa mão. Quando os homens olham para o mundo sem discernir a presença de Deus, a criação torna-se para eles apenas uma máquina que funciona por si mesma. Então, Deus interrompe a sequência dos acontecimentos e envia seu julgamento para que as nações o reconheçam. A prosperidade de Judá levou a nação a esquecer-se de Deus. Então, veio o julgamento, e por meio deste o povo foi convocado a arrepender-se; tão logo o povo voltou-se para o Senhor, Ele fez-lhes conhecer a glória de sua presença. Oh, como precisamos da poderosa manifestação de Deus no meio da igreja! Oh, como precisamos orar como Isaías: "Oh! se fendesses os céus e descesses! Se os montes tremessem em tua presença, como quando o fogo inflama os gravetos, como quando faz ferver as águas, para fazeres notório o teu nome aos teus adversários, de sorte que as nações tremessem da tua presença!" (Isaías 64:1,2).

Terceira: *O reavivamento da alegria nacional*. "Alegrai-vos, pois, filhos de Sião, regozijai-vos no Senhor, vosso Deus [...]" (Joel 2.23). Judá deveria alegrar-se não apenas em Deus, mas no Senhor seu Deus. Não se trata apenas de alegrar-se diante daquele que é onipotente, mas daquele que é Pai, o Deus da aliança. A alegria da restauração da comunhão com Deus é maior do que a alegria da restauração das coisas materiais. As bênçãos espirituais são superiores às bênçãos materiais. A restauração do culto é mais importante do que a restauração da economia. O templo vazio é pior do que os celeiros vazios. Mas o templo cheio de um povo alegre em Deus é melhor do que todos os celeiros abarrotados de bens. A alegria indizível e cheia de glória é a herança do povo de Deus, pois a alegria do nosso Senhor é a nossa força.

Quarta: *A libertação da vergonha nacional*. "[...] e o meu povo jamais será envergonhado" (Joel 2:17). Se nós nos envergonharmos de nossos pecados contra Deus, jamais nos envergonharemos de glorificá-lo. Quando nos voltamos para Ele, em lágrimas, Ele sempre se volta para nós em graça. O Senhor dá graça e glória e nenhum bem sonega aos que andam retamente. Quando, maltrapilhos, tomamos a decisão de voltar à Casa do Pai, sempre encontraremos seu abraço de amor, seu beijo de perdão e sua festa de reconciliação.

O DERRAMAMENTO DO ESPÍRITO SANTO

"Acontecerá depois que derramarei o meu Espírito [...]" (Joel 2.28). O derramamento do Espírito Santo não acontece antes, mas depois que o povo de Deus se arrepende e se volta para Ele. Esperar o derramamento do Espírito sem tratar do pecado é ofender a Deus. Buscá-lo sem voltar-se para Deus é atentar contra a santidade do Senhor.

David Hubbard diz que "depois" não aponta obrigatoriamente para os tempos finais, mas, antes, serve para estabelecer a sequência cronológica entre as duas etapas da bênção. A diferença entre as duas etapas não está no fato de a primeira ser material e a segunda, espiritual. A diferença é que a primeira é a restauração dos danos antigos e a segunda é a inauguração de uma nova era no relacionamento de Deus com seu povo.[11]

Já Warren Wiersbe diz que a palavra "depois", em Joel 2:28, refere-se aos acontecimentos descritos em Joel 2:18-27, quando o Senhor sara a nação depois da invasão assíria. Contudo, não significa logo em seguida, pois se passaram muitos séculos antes de o Espírito ser derramado. Quando Pedro citou esse versículo em seu sermão no Dia de Pentecostes, o Espírito Santo o dirigiu a interpretar o "depois" como "nos últimos dias" (Atos 2:17). "Os últimos dias" começaram com o ministério de Cristo na terra e se encerrarão com "o Dia do Senhor".[12]

Destacaremos algumas verdades importantes aqui:

---

[11] HUBBARD, David Allan. *Joel e Amós*. 1996, p. 78.
[12] WIERSBE, Warren W. *Comentário bíblico expositivo*. Vol. 4. 2006, p. 419.

Em primeiro lugar, *o derramamento do Espírito é uma promessa sublime de Deus* (Joel 2:28). O derramamento do Espírito não é algo que o homem possa fazer. Não é obra da igreja; vem do céu, de Deus. A igreja não o promove nem determina sua chegada. Duas coisas podem ser destacadas nessa promessa do Espírito.

Primeira: *A derramamento do Espírito é uma promessa segura de Deus*. "Acontecerá depois que derramarei o meu Espírito [...]" (Joel 2:28). O que Deus promete, Ele cumpre, pois vela pela sua Palavra para cumpri-la. Quando Ele age, ninguém pode impedir sua mão de fazê-lo. Deus hipotecou sua Palavra e empenhou sua honra nessa promessa. As promessas de Deus são fiéis e verdadeiras e nenhuma delas pode cair por terra. O derramamento do Espírito cumpriu-se no dia de Pentecostes (Atos 2:16-21) e ninguém pôde deter o braço de Deus em promover o crescimento da igreja. O sinédrio judaico tentou abafar a obra do Espírito prendendo e açoitando os apóstolos. Os imperadores romanos, com fúria implacável, quiseram acabar com a igreja, jogando os cristãos nas arenas, queimando-os em praças públicas e matando-os ao fio da espada. Mas a igreja, com desassombro e poder, espalhou-se como rastilho de pólvora por todos os quadrantes do império e o sangue dos mártires tornou-se a sementeira do evangelho. Ao longo dos séculos, muitas perseguições sanguinárias tentaram neutralizar a obra de Deus, mas a igreja, revestida com o poder do Espírito, jamais recuou, jamais ensarilhou as armas, jamais se intimidou. Antes do Pentecostes, os discípulos estavam com as portas trancadas devido ao medo; depois do Pentecostes eles foram presos por falta de medo. O problema da igreja não são as ameaças externas, mas a fraqueza interna. Não é falta de poder econômico e político, mas falta do poder do Espírito Santo!

Segunda: *O derramamento do Espírito é uma promessa abundante de Deus.* "Acontecerá depois que derramarei o meu Espírito [...]" (Joel 2:28). O derramamento do Espírito é em grande medida e em larga extensão. Deus não promete porções limitadas do seu Espírito, mas um derramamento do Espírito. Deus não dá o seu Espírito por medida. O derramamento do Espírito é algo profuso, abundante, caudaloso. Não são gotas, filetes, mas torrentes (Isaías 44:3). Cumpriu-se literalmente a profecia de Joel, quando Jesus prometeu a todos: "Quem crer em mim, como diz a Escritura, do seu interior fluirão rios de água viva. Isto ele disse com respeito ao Espírito que haveriam de receber os que nele cressem" (João 7:38,39). A promessa de Deus para a igreja é de uma vida maiúscula, superlativa e abundante. Não podemos pensar que esse derramamento ficou restrito apenas ao Pentecostes. O derramamento do Espírito é uma promessa vigente e contemporânea. Não podemos pensar que já recebemos tudo que deveríamos receber do Espírito Santo. Há mais para nós. Há infinitamente mais (Efésios 3:20). A igreja não pode se contentar com pouco. Não podemos nivelar a vida com Deus às pobres experiências que temos tido. O Senhor pode fazer infinitamente mais. O Espírito pode ser derramado outras e outras vezes sobre um povo sedento, que anseia por Deus mais do que o sedento, por água; mais do que a terra seca, por chuva (Isaías 44:3). Essa promessa é para nós, para nossos filhos e para aqueles que ainda estão longe, para quantos o Senhor nosso Deus chamar (Atos 2:39).

Em segundo lugar, *o derramamento do Espírito é uma promessa abrangente de Deus* (Joel 2:28,29). O derramamento do Espírito nos afasta do pecado e nos aproxima de Deus e das pessoas. Onde o Espírito é derramado quebram-se as barreiras e os preconceitos, dentre os quais destacamos estes itens:

Primeiro: *A quebra do preconceito racial.* "Derramarei o meu Espírito sobre toda a carne [...]" (Joel 2:28). "Toda carne" aqui não é quantitativamente falando, mas qualitativamente. O derramamento do Espírito terá caráter e raio de ação universais.[13] Gerard Van Groningen diz que esse derramamento será uma bênção universal; não se limitará a Israel, embora Israel e Judá estejam incluídos.[14] Cumprir-se-á, então, o ardente desejo de Moisés de que todos recebessem o Espírito de Deus e fossem profetas (Números 11:29). O Espírito de Deus é derramado sobre todos aqueles que se convertem ao Senhor, em todas as raças, povos, tribos, línguas e nações. Essa bênção não é apenas para os judeus; é também para os gentios. A menção do derramamento do Espírito no Antigo Testamento não é exclusiva do profeta Joel (Isaías 32:15; 44:3-5; Ezequiel 36:27,28; 37:14; Zacarias 12:10). David Hubbard está correto quando diz que o legado do Espírito pode ser: 1) retidão e justiça (Isaías 32:15-20); 2) fecundidade e devoção (Isaías 44:3-5); 3) descanso e refrigério (Isaías 63:10,11); 4) obediência (Ezequiel

---

[13] FEINBERG, Charles L. *Os profetas menores.* 1988, p. 79.
[14] GRONINGEN, Gerard Van. *Revelação messiânica no Velho Testamento.* 1995, p. 410.

36:22-28). Em Joel a ênfase recai na comunhão com Deus e na comunicação da sua Palavra e de seus caminhos, conforme sugerem as referências a profecias e visões.[15] A promessa do derramamento do Espírito foi cumprida no dia de Pentecostes (Atos 2:16). A descendência de Abraão, sobre quem Deus prometeu o derramamento do Espírito (Isaías 44.3-5), não é segundo a carne (Romanos 2:28,29), pois todo aquele que crê em Cristo é filho de Abraão e herdeiro dessa gloriosa promessa (Gálatas 3:29; Atos 2:38,39). Por isso, quando o Espírito foi derramado na casa de Cornélio, Pedro não teve dúvidas de batizá-los e recebê-los na comunhão da igreja (Atos 10:34,35; 44-48).

A. R. Crabtree diz que no Velho Testamento o Espírito do Senhor apoderou-se de juízes (Juízes 6:34), reis (1Samuel 10:6,10; 11:6; 16:13), profetas (Isaías 61:1; Mq 3:8) e outros que possuíam dons especiais (Gênesis 41:38; Ex 31:3). Agora, porém, o profeta Joel tem uma visão do tempo quando todo o povo de Deus será dotado com o Espírito Santo.[16]

Segundo: *A quebra do preconceito de gênero.* "[...] vossos filhos e vossas filhas profetizarão [...]" (Joel 2:28). O Espírito é derramado sobre filhos e filhas; servos e servas. Não há distinção. Não há separação. Não há acepção. Na igreja de Deus não há espaço para a marginalização das mulheres. Homem e mulher são um em Cristo (Gálatas 3:28). As mulheres também podem falar em nome do Senhor, conforme os oráculos de Deus, e podem profetizar como

---

[15] HUBBARD, David Allan. *Joel e Amós.* 1996, p. 79.
[16] CRABTREE, A. R. *Profetas menores.* 1971, p. 50.

profetizaram as quatro filhas do diácono Filipe (Atos 21:8,9). Quando o Espírito foi derramado no Pentecostes, havia entre o grupo várias mulheres. Elas também ficaram cheias do Espírito. Elas também receberam o dom do Espírito. Elas não foram discriminadas nem excluídas. Foram também revestidas de poder.

Terceiro: *A quebra do preconceito etário*. "[...] vossos velhos sonharão e vossos jovens terão visões" (Joel 2:28). Deus enche do seu Espírito os jovens e os velhos. Deus usa os velhos e os jovens. Ele não se limita à experiência do velho nem apenas ao vigor do jovem. Ele torna o jovem mais sábio que o velho (Salmos 119:100) e o velho mais forte que o jovem (Isaías 40:29-31). Onde Deus derrama seu Espírito, os velhos recebem novo alento. Como Calebe, deixam de viver apenas de lembranças e começam a ter sonhos na alma para olharem para frente, buscando novos desafios (Josué 14:6-14). Onde o Espírito é derramado os jovens recebem discernimento e compreensão das verdades de Deus. Não há conservadorismo nem renovacionismo inconsequente. O Espírito de Deus não tem preconceito de idade. O idoso pode ser cheio do Espírito e sonhar grandes sonhos para Deus, enquanto o jovem pode ter grandes visões da obra de Deus. O velho pode ter vigor e o jovem, discernimento e sabedoria. Onde o Espírito de Deus opera, velhos e jovens têm a mesma linguagem, o mesmo ideal, a mesma paixão e o mesmo propósito.[17]

Quarto: *A quebra do preconceito social*. "Até sobre os servos e sobre as servas derramarei o meu Espírito naqueles dias" (Joel

---

[17] LOPES, Hernandes Dias. *Pentecoste: o fogo que não se apaga*. São Paulo: Hagnos. 2017, p. 119.

2:29). O Espírito de Deus não é elitista. Ele vem sobre o rico e sobre o pobre, sobre o doutor mais ilustrado e sobre o indivíduo mais iletrado. Quando o Espírito Santo é derramado sobre as pessoas, elas podem ser rudes como os pescadores da Galileia, mas, na força do Senhor, revolucionam o mundo (1Coríntios 1:27-29). Mesmo que tenhamos muitas limitações, o Espírito pode usar-nos ilimitadamente. A obra de Deus não avança com base na nossa sabedoria e força, mas no poder do seu Espírito (Zacarias 4:6).

Em terceiro lugar, *o derramamento do Espírito sinaliza grandes intervenções de Deus* (Joel 2:30-32). Duas grandes intervenções de Deus são apontadas pelo profeta Joel.

Primeira: *O derramamento do Espírito aponta para o julgamento de Deus às nações.* "Mostrarei prodígios no céu e na terra: sangue, fogo e colunas de fumaça. O sol se converterá em trevas, e a lua, em sangue, antes que venha o grande e terrível Dia do SENHOR" (Joel 2:30,31). Joel vislumbrou fenômenos que acompanharão o desdobramento do drama humano, ainda futuro, nos últimos dias.[18] O apóstolo João, exilado na ilha de Patmos, fez referência, oitocentos anos depois de Joel, a esses mesmos fenômenos: "Vi quando o Cordeiro abriu o sexto selo, e sobreveio grande terremoto. O sol se tornou negro como saco de crina, a lua toda, como sangue" (Apocalipse 6:12). O derramamento do Espírito aponta para o juízo de Deus às nações. Esse será um grande e terrível Dia do Senhor. Seus efeitos serão percebidos na terra e no céu. As colunas do universo serão abaladas. Os astros não darão sua

---

[18] PAPE, Dionísio. *Justiça e esperança para hoje.* 1983, p. 30.

claridade. Os homens não terão onde se esconder da presença daquele que se assenta no trono nem encontrarão qualquer lugar de refúgio. Será o grande Dia do juízo. Este Dia será grande em sua natureza, pois será o último dia, o fim dos tempos, o começo da eternidade. Será grande em seu propósito, pois nesse Dia homens e anjos serão julgados. Os salvos receberão sua recompensa, mas os réprobos serão banidos para sempre da presença do Senhor.

Segunda: *O derramamento do Espírito aponta para a salvação de Deus a todos os povos.* "E acontecerá que todo aquele que invocar o nome do Senhor será salvo [...]" (Joel 2:32). Naquele grande e terrível Dia do Senhor haverá salvação para aqueles que invocam o seu nome, pois o derramamento do Espírito anunciou também o caminho da salvação. Esse derramamento do Espírito sobre toda a carne abre as portas da salvação para todos os que creem. O Pentecoste foi um evento de salvação. Naquele dia, o apóstolo Pedro compreendeu que se cumpria a profecia de Joel (Atos 2:16). O evangelho foi pregado e cerca de três mil pessoas foram convertidas (Atos 2:39-41). O apóstolo Paulo citando Joel em sua carta aos Romanos diz que todo aquele que invocar o nome do Senhor será salvo (Romanos 10:13). A salvação em Cristo, recebida pela fé, agora é estendida a todos os povos, de todos os lugares, de todos os tempos. Nos dias de Joel, como nos dias de Paulo, e, também, nos nossos dias, invocar o nome do Senhor é o único caminho da salvação.[19] Warren Wiersbe está correto quando diz que a igreja de hoje precisa ser novamente cheia do Espírito de Deus. Sem o

---

[19] Idem, p. 31.

ministério do Espírito, os cristãos não podem testemunhar com eficácia (Atos 1:8), compreender as Escrituras (João 16:13), glorificar a Cristo (João 16:14), orar de acordo com a vontade de Deus (Romanos 8:26,27) nem desenvolver um caráter cristão (Gálatas 5:22,23). Precisamos orar pedindo um reavivamento, uma operação mais profunda do Espírito em seu povo, levando à confissão de pecados, ao arrependimento, ao perdão e à união.[20]

---

[20] WIERSBE, Warren W. *Comentário bíblico expositivo*. Vol. 4. 2006, p. 420.

Capítulo

4

AVIVAMENTO OU SEPULTAMENTO

Hernandes Dias Lopes

A história da igreja de Sardes tem muito a ver com a história da cidade em que se encontrava. A glória de Sardes estava no seu passado, diz George Ladd.[1] A cidade foi a capital da Lídia no século 7º a.C. Viveu seu tempo áureo nos dias do rei Creso. Era uma das pólis mais magníficas do mundo nesse tempo.

Situada no alto de uma colina, amuralhada e fortificada, fazia com que seus habitantes se sentissem imbatíveis por viverem em uma cidade inexpugnável. Precipícios íngremes protegiam a cidade, de modo que não podia ser escalada.[2] Seus soldados e cidadãos pensavam que jamais cairiam nas mãos dos inimigos. De fato, a cidade jamais fora derrotada por um confronto direto. Seu povo era orgulhoso, arrogante, e autoconfiante.

Mas a cidade orgulhosa caiu nas mãos do rei Ciro da Pérsia em 529 a.C., quando este a cercou por 14 dias; e quando seus soldados

---

[1] LADD, George. *Apocalipse*. 1980, p. 44.
[2] Kistemaker, Simon. *Apocalipse*. 2004, p. 196-197.

estavam dormindo, ele penetrou com seus combatentes por um buraco na muralha, o único lugar vulnerável, e dominou a cidade. Mais tarde, em 218 a.C., Antíoco Epifânio dominou Sardes da mesma forma. E isso por causa da autoconfiança e falta de vigilância dos seus habitantes. Os membros dessa igreja entenderam claramente o que Jesus estava dizendo, quando afirmou: "Sede vigilantes! ... senão virei como ladrão de noite" (Apocalipse 3:3).

A cidade foi reconstruída no período de Alexandre Magno e dedicada à deusa Cibele, identificada com a deusa grega Ártemis. Acreditava-se que essa divindade padroeira tinha o poder especial de restaurar a vida aos mortos.[3] Mas a igreja estava morrendo e só Jesus poderia dar vida aos crentes.

No ano 17 d.C. Sardes foi parcialmente destruída por um terremoto e reconstruída pelo imperador Tibério. A cidade tornou-se famosa pelo alto grau de imoralidade que a invadiu e pela decadência que a dominou.

Quando João escreveu esta carta, Sardes era uma cidade rica, mas totalmente degenerada. Sua glória estava no passado e seus habitantes entregavam-se aos encantos de uma vida de luxúria e prazer. A igreja tornou-se como a cidade. Em vez de influenciar, foi influenciada. Era como sal sem sabor ou uma candeia escondida. A igreja não era nem perigosa nem desejável para a cidade de Sardes.

É nesse contexto que vemos Jesus endereçando esta carta à igreja. Sardes era uma poderosa comunidade cristã, dona de um

---

[3] RIENECKER, Fritz; ROGERS, Cleon. *Chave linguística do Novo Testamento grego*. 1985, p. 609.

grande nome. Uma igreja que tinha nome e fama, mas não vida. Tinha performance, mas não integridade. Tinha obras, mas não dignidade.

A essa igreja Jesus envia uma mensagem revelando a necessidade imperativa de um poderoso reavivamento. Uma atmosfera espiritual sintética substituía o Espírito Santo naquela igreja, diz Arthur Bloomfield.[4] Ela substituía a genuína experiência espiritual por algo simulado. A igreja estava caindo num torpor espiritual e precisava de reavivamento. O primeiro passo para o reavivamento é ter consciência de que há crentes mortos e outros dormindo que precisam ser despertados.

Não é diferente o estado da igreja hoje. Ao sermos confrontados por aquele que anda no meio dos candeeiros, precisamos também tomar conhecimento da nossa necessidade de reavivamento hoje. Devemos olhar para esta carta não como uma relíquia, mas como um espelho, em que vemos a nós mesmos.

Certo pastor, ao ver a igreja que pastoreava em um profundo estado de letargia espiritual, negligenciando a Palavra, desobedecendo os preceitos de Deus, chocou a todos dizendo que no domingo seguinte faria a cerimônia de sepultamento da congregação. Convocou os crentes para irem para a cerimônia fúnebre. No dia combinado, até os faltosos estavam presentes. O pastor começou o culto e bem defronte do púlpito estava um caixão. O clima, de fato, era sombrio. Havia uma tristeza no ambiente. A curiosidade misturada com temor assaltou a todos. Depois do

---

[4] BLOMFIELD, Arthur E. *As profecias do Apocalipse.* Betânia. Venda Nova, MG. 1996, p. 81.

sermão, o pastor orientou os crentes a fazerem uma fila e verem o defunto que deveria ser enterrado. Cada pessoa que passava e olhava para dentro do caixão ficava comovida. Algumas saíram quebrantadas, em lágrimas. A congregação inteira prorrompeu em copioso choro. No fundo daquele caixão estava não um corpo morto, mas um espelho. Cada crente daquela congregação contemplava o seu próprio rosto. Todos entenderam a mensagem. Eles estavam dormindo o sono da morte e precisavam ser despertados para a vida em Cristo Jesus.

A NECESSIDADE DO REAVIVAMENTO

Destacamos, aqui, algumas verdades muito importantes:

Em primeiro lugar, *o avivamento é necessário quando há crentes que só têm nome no rol da igreja visível, mas ainda estão mortos espiritualmente.* "Ao anjo da igreja em Sardes escreve: 'Estas coisas diz aquele que tem os sete espíritos de Deus e as sete estrelas: 'Conheço as tuas obras, que tens nome de que vives e estás morto'" (Apocalipse 3:1).

A igreja de Sardes vivia de aparências. As palavras de Jesus à igreja foram mais bombásticas do que o terremoto que destruiu a cidade no ano 17 d.C. A igreja tinha adquirido um nome. Sua fama era notável. Ela gozava de grande reputação na cidade. Nenhuma falsa doutrina estava prosperando na comunidade. Não se ouve de balaamitas, nem dos nicolaítas, nem mesmo dos falsos ensinos de Jezabel.[5] William Barclay diz que a igreja de Sardes não era

---

[5] STOTT, John. *O que Cristo pensa da Igreja*. 1999, p. 78.

molestada por ataques externos, pois quando uma igreja perde sua vitalidade espiritual já não vale a pena atacá-la.[6]

Aos olhos dos observadores parecia ser uma igreja viva e dinâmica. Tudo nela sugeria vida e vigor, mas ela estava morta. Era uma espiritualidade apenas de rótulo, de aparência. A maioria dos seus membros ainda não era convertida. O diabo não precisou perseguir essa igreja de fora para dentro; ela já estava sendo derrotada pelos seus próprios pecados. Adolf Pohl diz que onde reina a morte pelo pecado, não há morte pelo martírio.[7] A igreja de Sardes parecia mais um cemitério espiritual do que um jardim cheio de vida. Não nos enganemos acerca de Sardes. Ela não é o que o mundo chamaria de igreja morta. Talvez ela fosse considerada viva mesmo pelas igrejas irmãs. Nem ela própria tinha consciência do seu estado espiritual. Todos a reputavam como igreja viva, florescente; todos, com exceção de Cristo.[8] Parecia estar viva, mas na verdade estava morta. Tinha um nome respeitável, mas era só fachada. Quando Jesus examinou a igreja mais profundamente, disse: "Não achei as suas obras íntegras diante do meu Deus" (Apocalipse 2:2). J. I. Packer diz que há igrejas cujos cultos são solenes, mas são como um caixão florido em cujo interior há um defunto.

A igreja possuía uma boa reputação entre as pessoas, mas não diante de Deus. Ela tinha fama, mas não vida. Tinha pompa, mas não Pentecoste. Tinha exuberância de vida perante os dos

---

[6] BARCLAY, William. *Apocalipsis*. 1975, p. 139-140.
[7] POHL, Adolf. *Apocalipse de João*. Vol. 1. 2001, p. 128.
[8] WILCOCK, Michael. *A Mensagem do Apocalipse*. 1986, p. 30.

homens, mas estava morta diante de Deus. Deus não vê como vê o homem. A fama diante dos homens nem sempre é glória diante de Deus. Aquela igreja estava se transformando apenas em um clube.

A fé exercida pela igreja era apenas nominal. O cristianismo da igreja era apenas nominal. Seus membros pertenciam a Cristo apenas de nome, porém não de coração. Tinham fama de vivos; mas na realidade estavam mortos. Fisicamente vivos, espiritualmente mortos.

Em segundo lugar, *o reavivamento é necessário quando há crentes em adiantado estado de enfermidade espiritual.* "Sê vigilante e consolida o resto que estava para morrer [...]" (Apocalipse 3:2a). Na igreja havia crentes espiritualmente moribundos, em estado terminal. A maioria dos crentes apenas tinha seus nomes no rol da igreja, mas não no livro da vida. O mundanismo adoece a igreja. O pecado mata a vontade de buscar as coisas de Deus. O pecado mata os sentimentos mais elevados e petrifica o coração. No começo vem dúvidas, medo, tristeza, depois a consciência cauteriza.

Em terceiro lugar, *o reavivamento é necessário quando há crentes que, embora estejam em atividade na igreja, levam uma vida sem integridade.* "[...] porque não tenho achado íntegras as tuas obras na presença do meu Deus" (3:2b). Aqueles crentes viviam uma vida dupla. Suas obras não eram íntegras. Eles trabalhavam, mas apenas sob as luzes da ribalta. Eles promoviam seus próprios nomes e não o de Cristo. Buscavam a sua própria glória e não a do Filho de Deus. Honravam ao Senhor com os lábios, mas o coração estava longe dele (Isaías 29:13). Os cultos eram solenes, mas sem vida, vazios de sentido. A vida dos seus membros estava manchada pelo pecado.

Esses crentes eram como os hipócritas. Davam esmolas, oravam, jejuavam, entregavam o dízimo com o fim da ganhar a reputação de serem bons religiosos. Eles eram como sepulcros caiados. Ostentavam aparência de piedade, mas negavam seu poder (2Timóteo 3:5). Isso é formalidade sem poder, reputação sem realidade, aparência externa sem integridade interna, demonstração sem vida.

Esses crentes viviam um simulacro da fé, um faz de conta da religião. Cantavam hinos de adoração, mas a mente estava longe de Deus. Pregavam com ardor, mas apenas para exibir sua cultura. Deus quer obediência, a verdade no íntimo. Em Sardes, os crentes estavam falsamente satisfeitos e confiantes; eram falsamente ativos, falsamente devotos e falsamente fiéis.

Em quarto lugar, *o reavivamento é necessário quando há crentes se contaminando abertamente com o mundanismo*. "Tens, contudo, em Sardes, umas poucas pessoas que não contaminaram as suas vestiduras [...]" (3:4). A causa da morte da igreja de Sardes não era a perseguição, nem a heresia, mas o mundanismo. Como já disse Adolf Pohl, onde reina a morte pelo pecado, não há morte pelo martírio. A maioria dos crentes estava contaminando as suas vestiduras. Isso é um símbolo da corrupção. O pecado tinha se infiltrado na igreja. Por baixo da aparência piedosa daquela respeitável congregação havia impureza escondida na vida de seus membros.

Aqueles crentes também viviam uma vida moralmente frouxa. O mundo estava entrando dentro da igreja, que estava se tornando amiga do mundo, amando-o e se conformando com ele. O fermento do mundanismo estava se espalhando na massa e contaminando a maioria dos crentes, a qual não tinha coragem de ser diferente. John Stott, citando o historiador grego Heródoto, diz que os habitantes de Sardes, no correr dos anos, tinham adquirido uma reputação respaldada em padrões morais frouxos e até mesmo em licenciosidade ostensiva.[9]

OS IMPERATIVOS PARA O REAVIVAMENTO

Jesus aponta três imperativos para o avivamento da igreja:

Em primeiro lugar, *uma volta urgente à Palavra de Deus*. "Lembra-te, pois, do que tens recebido e ouvido, guarda-o [...]" (Apocalipse 3:3). O que é que eles ouviram e deveriam lembrar? O que deveriam guardar e para que deveriam voltar? A Palavra de Deus! A igreja tinha se apartado da pureza da Palavra. O avivamento é resultado dessa lembrança dos tempos do primeiro amor e dessa volta à Palavra. Uma igreja pode ser reavivada quando ela volta ao passado e lembra os tempos antigos do seu fervor, do seu entusiasmo, da sua devoção a Jesus. Deixemos que a história passada nos desafie no presente e voltemo-nos à Palavra de Deus. Quando uma igreja experimenta um avivamento, ela passa a ter fome da Palavra. O primeiro sinal do avivamento é a volta do povo de Deus à Escritura. Os crentes passam a ter fome de Deus e de sua

---

[9] STOTT, John. *O que Cristo pensa da Igreja*. 1999, p. 79.

Palavra. Começam a se dedicar a estudá-la. Abandonam o descaso e a negligência com a Palavra, a qual se torna doce como o mel. As antigas veredas se fazem novas e atraentes. A Palavra torna-se viva, deleitosa e transformadora. O verdadeiro avivamento é fundamentado na Palavra, orientado e limitado por ela. O avivamento tem na Bíblia sua base, sua fonte, sua motivação, seu limite e seus propósitos. Avivamento não pode ser confundido com cultos festivos, inovações litúrgicas, obras abundantes, dons carismáticos, milagres extraordinários. Ou o avivamento é bíblico ou não vem de Deus.

Em segundo lugar, *uma volta à vigilância espiritual*. "Sê vigilante e consolida o resto que estava para morrer [...]" (3:2a). A cidade de Sardes caiu porque não vigiou. Tratava-se de uma acrópole inexpugnável que nunca fora conquistada em ataque direto; mas duas vezes em sua história ela foi tomada de surpresa por falta de vigilância da parte dos seus defensores.[10] Jesus alerta a igreja que se ela não vigiar, se ela não acordar, Ele virá a ela como o ladrão de noite, inesperadamente. Para aqueles que pensam que estão salvos, mas ainda não se converteram, aquele dia será dia de trevas e não de luz (Mateus 7:21-23). A igreja precisa ser vigilante contra as ciladas de Satanás, contra a tentação do pecado. Os crentes devem fugir de lugares, situações e pessoas que podem ser um laço para os seus pés.

Alguns membros da igreja de Sardes estavam sonolentos e não mortos. E Jesus os exorta a se levantarem desse sono letárgico

---

[10] LADD, George. *Apocalipse*. 1980, p. 44.

(Efésios 5:14). Há crentes que estão dormindo espiritualmente. São acomodados e indiferentes às coisas de Deus. Não têm apetite espiritual. Não vibram com as coisas celestiais.

Os crentes fiéis precisam fortalecer aqueles que estão com um pé na cova e socorrer aqueles que estão se contaminando com o mundo. Precisamos vigiar não apenas a nós mesmos, mas os outros também. Uma minoria ativa pode chamar de volta a maioria da morte espiritual. Um remanescente robusto pode fortalecer o que resta e que estava para morrer (Apocalipse 3:4).

Precisamos vigiar e orar. Os tempos são maus. As pressões são muitas. Os perigos são sutis. O diabo não atacou a igreja de Sardes com perseguição nem com heresia, mas a minou com o mundanismo. Os crentes não estão sendo mortos pela espada do mundo, mas pela amizade com ele. A igreja de Sardes não era uma igreja herética e apóstata. Não havia heresias nem falsos mestres na igreja. A igreja não sofria perseguição nem era importunada com oposição dos judeus. Era ortodoxa, mas estava morta. O remanescente fiel devia estar vigilante para não cair em pecado e, também, para preservar uma igreja decadente da extinção, restabelecendo sua chama e seu ardor pelo Senhor.

Em terceiro lugar, *uma volta à santidade*. "Tens, contudo, em Sardes, umas poucas pessoas que não contaminaram as suas vestiduras e andarão de branco junto comigo, pois são dignas" (Apocalipse 3:4). O torpor espiritual em Sardes não tinha atingido a todos. Ainda havia algumas pessoas que permaneciam fiéis a Cristo. Embora a igreja estivesse cheia, havia apenas uns poucos que permaneciam fiéis. Embora estivesse cheia, havia apenas uns poucos que eram crentes verdadeiros e que não haviam se contaminado com o mundo. A maioria dos crentes estava vivendo com vestes sujas e manchadas pelo pecado, e não tinha obras íntegras diante de Deus. As vestes sujas falam de pecado, de impureza, de mundanismo. Obras sem integridade falam de caráter distorcido, de motivações erradas, de ausência de santidade.

O AGENTE DO REAVIVAMENTO

Jesus é o agente do reavivamento. Ele pode trazê-lo para a igreja por três razões.

Em primeiro lugar, *porque Jesus conhece o estado da igreja*. "Ao anjo da igreja em Sardes escreve [...]. Conheço as tuas obras [...]" (Apocalipse 3:1). Jesus conhece as obras da igreja. Ele conhece a nossa vida, nosso passado, nossos atos, nossas motivações. Seus olhos são como chama de fogo. Ele vê tudo e a todos sonda.

Jesus vê que a igreja de Esmirna é pobre, mas aos olhos de Deus é rica. Ele vê que na igreja mundana de Pérgamo havia um remanescente fiel. Ele vê que a igreja ortodoxa de Éfeso havia abandonado o seu primeiro amor. Ele vê que Sardes, a igreja que tem uma grande reputação de ser viva e avivada, está morta. Ele vê que uma igreja que tem pouca força como Filadélfia tem diante de si uma porta aberta. Ele vê que uma igreja que se considera rica e abastada como Laodicéia não passa de uma igreja pobre e miserável. Jesus sabe quem somos, como estamos e do que precisamos.

Em segundo lugar, *Jesus pode trazer reavivamento para a igreja, porque Ele é o seu dono*. "Ao anjo da igreja em Sardes escreve:

'Estas coisas diz aquele que tem [...] as sete estrelas'" (Apocalipse 3:1). Ele tem as sete estrelas. As estrelas são os anjos das sete igrejas. Elas representam as próprias igrejas. As estrelas estão nas mãos de Jesus. A igreja pertence a Ele, que a controla e tem autoridade e poder para restaurá-la. Ele disse que as portas do inferno não prevaleceriam contra a sua igreja. Ele pode levantar a igreja das cinzas. Ele tem tudo em suas mãos. Cristo é o dono da igreja. Ele tem cuidado dela. Ele a exorta, consola, cura e restaura.

Em terceiro lugar, *Jesus é quem reaviva a igreja por meio do seu Espírito*. "Ao anjo da igreja em Sardes, escreve: 'Estas coisas diz aquele que tem os sete espíritos de Deus [...]'" (Apocalipse 3:1). Jesus tem e oferece a plenitude do Espírito Santo à igreja. O problema da igreja de Sardes era morte espiritual; Cristo é o que tem o Espírito Santo, o único que pode dar vida. A igreja precisa passar por um avivamento ou enfrentará um sepultamento. Somente o sopro do Espírito pode trazer vida para um vale de ossos secos. O profeta Ezequiel, questionado por Deus sobre o vale de ossos, responde: "Filho do homem, poderão reviver esses ossos? SENHOR Deus, tu o sabes" (Ezequiel 37:3).

Uma igreja morta, enferma e sonolenta precisa ser reavivada pelo Espírito Santo. Só o Espírito Santo pode dar vida, e restaurar a vida. Só o sopro de Deus pode fazer com que o vale de ossos secos transforme-se num exército. Jesus é aquele que tem o Espírito e o derrama sobre a sua igreja. É pelo poder do Espírito que a igreja se levanta da morte, do sono e do mundanismo para servir a Deus com entusiasmo.

Jesus é quem envia o Espírito à igreja para reavivá-la. O Espírito Santo é o Espírito de vida para uma igreja morta. Quando Ele sopra, a igreja morta e moribunda levanta-se. Quando Ele sopra nossa adoração formal passa a ter vida exuberante. Quando Ele sopra os crentes têm deleite na oração. Quando Ele sopra os crentes são tomados por uma alegria indizível. Quando Ele sopra os crentes testemunham de Cristo com poder.

A Palavra diz que devemos orar no Espírito, pregar no Espírito, adorar no Espírito, viver no Espírito e andar no Espírito. Uma igreja inerte só pode ser reavivada por Ele. Uma igreja sonolenta só pode ser despertada por Ele. Oh! que sejamos crentes cheios do Espírito de Cristo. Uma coisa é possuir o Espírito, outra é ser possuído por Ele. Uma coisa é ser habitado pelo Espírito, outra é ser cheio do Espírito. Uma coisa é ter o Espírito residente, outra é ter o Espírito presidente.

AS BÊNÇÃOS DO REAVIVAMENTO

A santidade no presente é garantia de glória no futuro. "O vencedor será assim vestido de vestiduras brancas, e de modo nenhum apagarei o seu nome do livro da vida; pelo contrário, confessarei o seu nome diante de meu Pai e diante dos seus anjos" (Apocalipse 3:5). A maioria dos crentes de Sardes tinha contaminado suas vestiduras, isto é, tornou-se impura pelo pecado. O vencedor receberia vestes brancas, símbolo de festa, pureza, felicidade e vitória. Sem santidade não há salvação. Sem santificação ninguém verá a Deus. Sem vida com Deus aqui, não haverá vida com Deus no céu. Sem santidade na terra não há glória no céu.

Quem não se envergonha de Cristo agora, terá seu nome proclamado no céu por Cristo(Apocalipse 3:5). Quando uma pessoa morre, tiramos o atestado de óbito. Tira-se seu nome do livro dos vivos. Os nomes dos mortos não constam no registro dos vivos. O salvo jamais será tirado do rol do céu.

Aqueles que estão mortos espiritualmente e negam a Cristo nesta vida não têm seus nomes escritos no livro da Vida. Mas aqueles que confessam a Cristo, e não se envergonham do seu nome, terão seus nomes confirmados no livro da vida e confessados por Cristo diante do Pai. Os crentes fiéis confessam e são confessados.

Nosso nome pode constar no registro de uma igreja sem estar no registro de Deus. Ter apenas a reputação de estar vivo é insuficiente. Importa que o nosso nome esteja no livro da vida a fim de que seja proclamado por Cristo no céu (Mateus 10:32).

Esta solene carta é concluída com o refrão presente em todas as demais cartas: "Quem tem ouvidos, ouça, o que o Espírito diz às igrejas" (Apocalipse 3:6). Em 2011 visitei essas sete igrejas da Ásia, hoje na Turquia asiática. Todas elas estão mortas. O que se vê hoje são pedras reviradas, escombros e uma vaga lembrança de uma igreja que existiu no passado. Onde essas igrejas foram plantadas, hoje não tem sequer um por cento de crentes em Cristo. A pergunta é: por que essas igrejas morreram? Porque não ouviram o que o Espírito disse a elas!

Celebramos em 2017 quinhentos anos de Reforma Protestante. Em muitos países na Europa a igreja protestante está morrendo. A Europa é chamada hoje de um continente pós-cristão. Há templos vazios e crentes dispersos. Muitos templos foram vendidos e transformados em mesquitas, bares e museus. Por que há igrejas morrendo na Europa? Porque não deram ouvidos ao que o Espírito disse a elas!

A América do Norte foi, de igual modo, assolada pelo liberalismo teológico. Seminários que formaram outrora pastores, missionários e teólogos, hoje, tomados de assalto pelo liberalismo, destilam o veneno do ceticismo. As denominações históricas que abrigaram o liberalismo perdem milhares de membros todos os anos. Templos imensos, congregações vazias. E perguntamos: por que há igrejas morrendo na América do Norte? Porque não ouviram o que o Espírito disse a elas!

No Brasil há demoninações que já se renderam ao liberalismo teológico. Há seminários que não ensinam mais a Palavra de Deus com integridade. Há professores que não creem mais na inspiração, inerrância, infalibilidade e suficiência das Escrituras. Por outro lado, há igrejas que embora ostentem grandes santuários e reúnam multidões, não pregam a Palavra com fidelidade, pois abraçaram um tosco sincretismo religioso. Onde não tem a Palavra de Deus, certamente não tem o Deus da Palavra. Há igrejas que precisam passar por uma Reforma, e todas precisam experimentar um poderoso avivamento espiritual!

Capítulo

5

PENTECOSTES: O DERRAMAMENTO DO ESPÍRITO SANTO

Hernandes Dias Lopes

Lucas é o evangelista que mais enfatiza a obra do Espírito Santo na vida de Jesus e da sua igreja. O mesmo Espírito que desceu sobre Jesus no Jordão o guiou no deserto e o revestiu com poder para salvar, libertar e curar (Lucas 3:21,22; 4:1,14,18), agora vem sobre os discípulos de Jesus (Atos 1:5,8; 2:33). Nos primeiros capítulos de Atos, Lucas refere-se à promessa, à dádiva, ao batismo, ao poder e à plenitude do Espírito na experiência do povo de Deus.[1] O Pentecostes não foi um acontecimento casual, mas uma agenda estabelecida por Deus desde a eternidade. O Pentecostes, como o Calvário, foi um acontecimento único e irrepetível. O Espírito Santo foi enviado para estar para sempre com a igreja. Temos outros derramamentos do Espírito registrado em Atos e no decurso da história, mas decorrentes deste Pentecostes. Concordo com John

---

[1] John Stott. *A mensagem de Atos*. 2005, p. 63.

Stott quando diz que precisamos ter cuidado para não diminuir nossas expectativas ou relegar à categoria do excepcional aquilo que Deus talvez queira que seja a experiência normal da igreja. O vento e o fogo eram extraordinários, e, provavelmente, também as línguas; mas a nova vida e a alegria, a comunhão e o culto, a liberdade e o poder não eram.[2] Vamos destacar no capítulo 2 de Atos quatro pontos importantes: a descida do Espírito, o fenômeno das línguas, o sermão de Pedro e a vida da igreja.

A DESCIDA DO ESPÍRITO SANTO

Cristo subiu e o Espírito Santo desceu. O Cristo ressurreto ascendeu aos céus e enviou o Espírito para habitar para sempre com a igreja.

Destacaremos aqui alguns pontos importantes:

Em primeiro lugar, *o significado do Pentecostes*. "Ao cumprir-se o dia de Pentecostes [...]" (Atos 2:1). A palavra *pentecostes* significa o quinquagésimo dia. O Pentecostes era a festa que acontecia cinquenta dias depois do sábado da semana da Páscoa (Levítico 23:15,16), sendo assim o primeiro dia da semana. O Pentecostes é também chamado a Festa das Semanas (Deuteronômio 16:10), a Festa da Colheita (Ex 23:16) e a Festa das Primícias (Números 28;26). Cristo ressuscitou como a primícia dos que dormem e durante quarenta dias deu provas incontestáveis de sua ressurreição com várias aparições a seus discípulos. Dez dias depois da sua ascensão, o Espírito Santo foi derramado no

---

[2] John Stott. *A mensagem de Atos*. 2005, p. 64.

dia de Pentecostes. John Wesley diz que no Pentecostes do Sinai, no Antigo Testamento, e no Pentecostes de Jerusalém, no Novo Testamento, aconteceram duas grandes manifestações de Deus, a legal e a evangélica; uma da montanha e a outra do céu; a primeira foi terrível, a segunda, misericordiosa.[3]

Em segundo lugar, *a espera do Pentecostes*. "[...] estavam todos reunidos no mesmo lugar" (Atos 2:1b). Os cento e vinte discípulos estavam reunidos no cenáculo em unânime e perseverante oração, quando, de repente, o Espírito Santo foi derramado sobre eles. Estribados na promessa do Pai anunciada por Jesus, havia no coração deles a expectativa do revestimento de poder. Todos estavam no mesmo lugar, com o mesmo propósito, buscando o mesmo revestimento do Espírito.

Em terceiro lugar, *o derramamento do Espírito no Pentecostes*. O historiador Lucas registra a descida do Espírito com as seguintes palavras:

> De repente, veio do céu um som, como de um vento impetuoso, e encheu toda a casa onde estavam assentados. E apareceram distribuídas entre eles línguas, como de fogo, e pousou uma sobre cada um deles. Todos ficaram cheios do Espírito Santo e passaram a falar em outras línguas, segundo o Espírito lhes concedia que falassem (Atos 2:2-4).

O derramamento do Espírito Santo foi um fenômeno celestial. Não foi algo produzido, ensaiado, fabricado. Algo do céu

---

[3] WESLEY, John. *New Testament Commentary*. Baker Book House. Grand Rapids, MI. S.d., p. *in loco*.

verdadeiramente aconteceu. Foi incontestável e irresistível. Foi soberano, ninguém pôde produzi-lo. Foi eficaz, ninguém pôde desfazer os seus resultados. Foi definitivo, ele veio para ficar para sempre com a igreja. Aquilo que aqui se chama "ficar cheio", também é chamado de "batismo" (Atos 1:5; 11:16), um "derramamento" (Atos 2:17,18; 10:45), e um "recebimento" (Atos 10:47).[4] William MacDonald diz que a vinda do Espírito envolveu um som para ouvir, um cenário para ver e um milagre para experimentar.[5]

Três fatos nos chamam a atenção:

Primeiro, *o derramamento do Espírito veio como um som* (Atos 2:2). Não foi barulho, algazarra, falta de ordem, histeria, mas um som do céu. A palavra grega *echos,* usada aqui, é a mesma que está Lucas 21:25 para descrever o estrondo do mar.[6] O derramamento do Espírito foi um acontecimento audível, verificável, público, reverberando sua influência na sociedade. Esse impacto atraiu grande multidão para ouvir a Palavra.

Segundo, *o derramamento do Espírito veio como um vento* (Atos 2:2). O vento é símbolo do Espírito Santo (Ezequiel 37:9,14; João 3:8). O Espírito veio em forma de vento para mostrar sua soberania, liberdade e inescrutabilidade. O Espírito, assim como o vento, é livre, Ele sopra onde quer, da forma que quer, em quem quer. O Espírito sopra onde jamais sopraríamos e deixa de soprar onde gostaríamos que Ele soprasse. O Espírito, como o vento, é

---

[4] MARSHALL, I. Howard. *Atos: introdução e comentário.* 1980, p. 69.
[5] MACDONALD, William. *Believer's Bible Commentary.* 1995, p. 1582.
[6] RIENECKER, Fritz Rienecker; ROGERS, Cleon. *Chave linguística do Novo Testamento grego.* 1985, p. 195.

soberano: Ele sopra irresistivelmente. O chamado de Deus é irresistível e sua graça é eficaz. O Espírito sopra no templo, na rua, no hospital, no campo, na cidade, nos lugares ermos da terra e nos antros do pecado. Quando Ele sopra, ninguém pode detê-lo. Os homens podem até medir a velocidade do vento, mas não podem mudar o seu curso. Como o vento, o Espírito também é misterioso, ninguém sabe donde vem nem para onde vai. Seu curso é livre e soberano. Deus não se submete à agenda dos homens. Ele não se deixa domesticar.

Terceiro, *o derramamento do Espírito veio em línguas como de fogo* (Atos 2:3). O fogo também é símbolo do Espírito Santo. Deus se manifestou a Moisés na sarça onde o fogo ardia e não se consumia (Ex 3:2). Quando Salomão consagrou o templo ao Senhor, desceu fogo do céu (2Crônicas 7:1). No Carmelo, Elias orou e o fogo desceu (1Reis 18:38,39). Deus é fogo. Sua Palavra é fogo. Ele faz dos seus ministros labaredas de fogo. Jesus batiza com fogo e o Espírito desceu em línguas como de fogo. O fogo ilumina, purifica, aquece e se alastra. Jesus veio para lançar fogo sobre a terra. Hoje, muitas vezes, a igreja está fria. Parece mais uma geladeira a conservar intacta sua religiosidade do que uma fogueira a inflamar os corações. Muitos crentes parecem mais uma barra de gelo do que labaredas de fogo. Certa feita alguém perguntou a Dwight Moody: "Como podemos experimentar um reavivamento na igreja?". O grande avivalista respondeu: "Acenda uma fogueira no púlpito". Quando os gravetos secos pegam fogo até lenha verde começa a arder. John Wesley disse: "Ponha fogo no seu sermão, ou ponha o seu sermão no fogo".

Quarto, o derramamento do Espírito traz uma experiência pessoal de enchimento do Espírito Santo (Atos 2:4). Aqueles discípulos já eram salvos. Por três vezes Jesus havia deixado isso claro (João 13:10; 15:3; 17:12). De acordo com a teologia de Paulo, se eles já eram salvos, já tinham o Espírito Santo, pois o apóstolo escreveu: "Se alguém não tem o Espírito de Cristo, esse tal não é dele" (Romanos 8:9). Jesus disse: "Quem não nascer da água e do Espírito não pode entrar no Reino" (João 3:5). Além de já terem o Espírito Santo, Jesus, após sua ressurreição, soprou sobre eles o Espírito, e disse: "Recebei o Espírito Santo" (João 20:22). Mas a despeito de serem regenerados pelo Espírito e de receberem o sopro do Espírito, eles ainda não estavam cheios do Espírito. Uma coisa é ter o Espírito Santo, outra coisa é o Espírito Santo nos ter. Uma coisa é ser habitado pelo Espírito, outra é ser cheio do Espírito. Uma coisa é ter o Espírito presente, outra é ter o Espírito presidente. Você que tem o Espírito, está cheio do Espírito?

A experiência da plenitude é pessoal (Atos 2:3,4). O Espírito desce sobre cada um individualmente. Cada um vive sua própria experiência. Ninguém precisa pedir, como as virgens néscias, azeite emprestado. Todos ficaram cheios do Espírito. Logo que eles ficaram cheios do Espírito começaram a falar as grandezas de Deus (2:11). Sempre que alguém ficou cheio do Espírito no livro de Atos começou a pregar (Atos 1:8; 2:4,11,14,41; 4:8,29-31; 6:5,8-10; 9:17-22; 1Tessalonicenses 1:5; 1Coríntios 2:4). A plenitude do Espírito nos dá poder para pregar com autoridade. Certa feita David Hume, o patrono dos agnósticos, foi visto correndo pelas ruas de Londres. Alguém o abordou: "Para onde você vai, com tanta pressa?". O filósofo respondeu: "Eu vou ver George Whitefield pregar". O interrogador lhe perguntou, espantado: "Mas você não acredita no que ele prega, acredita?". Hume respondeu: "Eu não acredito, mas ele acredita no que prega". Um crente cheio do Espírito prega a Palavra com poder e autoridade.

O FENÔMENO DAS LÍNGUAS (ATOS 2:4-13)

O derramamento do Espírito Santo produziu o fenômeno das línguas. O Pentecostes foi o oposto de Babel. Em Babel as línguas eram ininteligíveis; no Pentecostes, não há necessidade de interpretação. Em Babel houve dispersão; no Pentecostes houve ajuntamento. Babel foi resultado de rebeldia contra Deus; o Pentecostes foi fruto da oração perseverante a Deus. Em Babel os homens enalteciam seus próprios nomes. No Pentecostes eles falavam as grandezas de Deus. John Stott escreve: "Em Babel, a terra orgulhosamente tentou subir ao céu, enquanto em Jerusalém, o céu humildemente desceu à terra".[7] Lucas destaca a natureza internacional da multidão poliglota que se reuniu ao redor dos cento e vinte discípulos que foram cheios do Espírito Santo. Todos eram "judeus, homens piedosos e todos estavam habitando em Jerusalém" (Atos 2:5). Mas eles não tinham nascido naquela cidade: vinham da dispersão, "de todas as nações debaixo do céu" (Atos 2:5).

Destacaremos, aqui três fatos importantes:

---

[7] John Stott. *A mensagem de Atos*. 2005, p. 72.

Em primeiro lugar, *o milagre das línguas* (Atos 2:4-7). No Pentecostes Deus rompeu a barreira da língua e todos os judeus de diversas partes do mundo puderam ouvir os discípulos falando em suas próprias línguas maternas. Essas outras línguas eram dialetos conhecidos e falados pelos judeus que habitavam diversas regiões do império e que estavam em Jerusalém por ocasião dessa festa. O apóstolo Pedro trata da questão da *glossolalia* de Atos e diz que não era a consequência de uma intoxicação, ou embriaguez (Atos 2:13). Os discípulos não perderam suas funções físicas e mentais. Também não se tratava de um engano ou milagre apenas de audição, e não de fala, de tal forma que os ouvintes pensassem que os crentes estavam falando em outras línguas, quando não falavam. A *glossolalia* de Atos 2 era um fenômeno tanto de fala como de audição. Não eram sons incoerentes, mas uma habilidade sobrenatural para falar em línguas reconhecíveis. Assim, "outras línguas" poderia ser traduzido por "línguas diferentes das suas línguas maternas". Os discípulos falaram línguas que ainda não haviam aprendido.[8] O termo grego traduzido por "língua" em Atos 2:6 e 8 é *dialektos* e se refere à linguagem ou dialeto de um país ou região (Atos 21:40; 22:2; 26:14).[9] Concordo com Fritz Rienecker quando diz que a escolha feita por Lucas desta palavra *dialektos* neste trecho indica que o falar noutras línguas era o uso

---

[8] STOTT, John. *A mensagem de Atos.* 2005, p. 69,70.
[9] WIERSBE, Warren W. *Comentário bíblico expositivo.* Vol. 5. 2006, p. 528.

de outros idiomas.[10] O fenômeno das línguas ainda é encontrado mais duas vezes em Atos: Cesareia (Atos 10:46) e Éfeso (Atos 19:6).

Em segundo lugar, *a perplexidade da multidão* (2:6,7). A multidão foi atraída pelo fenômeno extraordinário do Pentecostes. Algo sobrenatural estava acontecendo e eles não tinham explicações plausíveis para aquele fato insólito. Vale ressaltar, como diz William Barclay, que a festa do Pentecostes era tanto ou mais concorrida que a festa da Páscoa. Isso explica a quantidade de países mencionados neste capítulo, porque nunca havia em Jerusalém uma multidão mais internacional que nesse momento.[11] Marshall comenta sobre essa multidão internacional reunida em Jerusalém. Começa com três países ao leste do Império Romano, na área conhecida como Pérsia ou Irã, e depois continua para o oeste, para a Mesopotâmia, o Iraque moderno, e a Judeia. Seguem-se, então, várias províncias e áreas na Ásia Menor (a moderna Turquia), e, depois, o Egito e área imediatamente para o oeste, seguida por Roma.[12]

Em terceiro lugar, *a reação ao milagre das línguas* (Atos 2:7-13). O derramamento do Espírito nos prova que os milagres abrem portas para o evangelho, mas não são o próprio evangelho. O milagre em si não pôde transformar a multidão, mas atraiu essa mesma multidão para ouvir a Palavra de Deus. Quando Pedro começou a

---

[10] RIENECKER, Fritz; ROGERS, Cleon. *Chave linguística do Novo Testamento grego*. 1985, p. 196.
[11] BARCLAY, William. *Hechos de los Apostoles*. 1974, p. 27.
[12] MARSHALL, I. Howard. *Atos: introdução e comentário*. 1980, p. 71.

pregar, o coração do povo começou a derreter. Três foram as reações da multidão em relação ao milagre do Pentecostes:

Primeiro, *o preconceito* (Atos 2.7). "Estavam, pois, atônitos e se admiravam, dizendo: 'Vede! Não são, porventura, galileus todos esses que aí estão falando?'". Os galileus eram recebidos em Jerusalém com grande preconceito. Eram considerados pessoas de segunda classe. Os sulistas da Judeia consideravam os nortistas da Galileia como gentios. A primeira reação ao Pentecostes foi de profundo preconceito.

Segundo, *o ceticismo* (Atos 2:12). "Todos, atônitos e perplexos, interpelavam uns aos outros: 'Que quer isto dizer?'". O milagre do derramamento do Espírito clareou a mente dos discípulos e turvou a mente dos céticos. Eles estavam atônitos e perplexos querendo uma explicação plausível para aquele extraordinário acontecimento.

Terceiro, *a zombaria* (Atos 2:13). "Outros, porém, zombando, diziam: 'Estão embriagados!'". Um grupo dentre a multidão rotulou o fenômeno das línguas como um resultado de embriaguez. Confundiram a plenitude do Espírito com o enchimento de vinho.

A PREGAÇÃO PODEROSA DO EVANGELHO

O milagre pode atrair a multidão, mas não tocar os corações. O milagre abre portas para o evangelho, mas não é o evangelho. Pedro levantou-se para pregar e pregou uma mensagem eminentemente bíblica. A primeira coisa que Pedro faz é esclarecer que aquele fenômeno extraordinário não era resultado da embriaguez, mas do cumprimento da profecia de Joel (Atos 2:14-16). Os discípulos não estavam dominados pelo vinho, mas cheios do Espírito Santo. A palavra grega *gleukos* era o termo usado para descrever o vinho doce, provavelmente o vinho novo ainda não suficientemente envelhecido e que ainda está fermentando.[13]

O profeta havia profetizado que o Espírito seria derramado sobre toda a carne qualitativamente falando, e não quantitativamente. O derramamento do Espírito quebraria as barreiras e romperia o preconceito de gênero (filhos e filhos), etário (jovens e velhos) e social (servos e servas) (Atos 2:17,18). A profecia de Joel teve um cumprimento no Pentecostes, mas aponta também para a Parousia (Atos 2;19,20). O profeta identifica o derramamento do Espírito como um evento salvador: "E acontecerá que todo aquele que invocar o nome do Senhor será salvo" (Atos 2:21).

O padrão e os temas da mensagem pregada por Pedro tornaram-se comuns na igreja primitiva: 1) A explanação dos eventos (Atos 2:14-21); 2) o evangelho de Jesus Cristo — sua morte, ressurreição e exaltação (Atos 2:22-36); 3) uma exortação para o arrependimento e batismo (Atos 2:37-40). Este esboço é similar aos sermões encontrados nos capítulos 2; 10; e 13.[14] Cinco verdades devem ser destacadas nessa pregação de Pedro:

Em primeiro lugar, *uma pregação Cristocêntrica na sua essência*. A mensagem de Pedro versou sobre a pessoa de Cristo e sua obra. Cinco pontos podem ser identificados no sermão de Pedro.

---

[13] RIENECKER, Fritz; ROGERS, Cleon. *Chave Linguística do Novo Testamento grego*. 1985, p. 196.

[14] Notas da *NIV Study Bible*. Zondervan, Grand Rapids, MI. 2008, p. 1680, 1681.

Primeiro: *A vida de Cristo* (Atos 2:22). Pedro mostra que Jesus foi aprovado por Deus e viveu de forma extraordinária e realizou milagres portentosos. Sua vida e sua obra eram realidades conhecidas por todos.

Segundo: *A morte de Cristo* (Atos 2:23). A cruz não foi um acidente, mas parte do plano eterno de Deus (Atos 3:18; 4:28; 13:29). Frank Stagg diz acertadamente que isto não significa que Jesus buscou a morte, ou que o Pai desejou que os homens crucificassem Jesus, e sim que, ao escolher redimir os pecadores, a divindade previu o quanto isso custaria.[15] A cruz não foi uma derrota para Jesus, mas a sua exaltação. Jesus marchou para a cruz como um rei para a sua coroação. Foi na cruz que Jesus conquistou para nós redenção e desbaratou com o inferno. Cristo não foi para a cruz porque Judas o traiu, os judeus o entregaram, Pilatos o sentenciou e os soldados o pregaram. Ele foi à cruz porque Deus o entregou por amor a nós. Ele foi para a cruz porque voluntariamente se ofereceu como sacrifício pelo nosso pecado. Foi na cruz que Deus provou da forma mais eloquente seu amor por nós e seu repúdio ao pecado. Na cruz de Cristo a paz e a justiça se beijaram.

Terceiro: *A ressurreição de Cristo* (Atos 2:24-32). Não adoramos um Cristo morto, mas o Jesus vitorioso que triunfou sobre a morte, derrotou o pecado, desfez as obras do diabo, cumpriu a lei, satisfez a justiça de Deus e nos deu eterna redenção. Pedro cita a profecia de Davi para evidenciar a realidade insofismável da ressurreição de Jesus. Pedro confirma a ressurreição de Cristo

---

[15] STAGG, Frank. *O livro de Atos*. Casa Publicadora Batista. Rio de Janeiro, RJ. 1958, p. 91.

fundamentado em Salmos 16:8-11. Davi não poderia estar falando de si mesmo quando disse que Deus não o deixaria na morte nem permitiria que o seu Santo visse corrupção (Atos 2:27), pois Davi morreu e foi sepultado, e seu túmulo ainda estava em Jerusalém (Atos 2:29). Obviamente, Davi estava se referindo ao seu descente, ou seja, estava se referindo à ressurreição de Cristo (Atos 2:30,31). Warren Wiersbe diz que Pedro deu quatro provas da ressurreição de Cristo: 1) a primeira prova foi a pessoa de Jesus Cristo (Atos 2:22-24); 2) a segunda prova foi a profecia de Davi (Atos 2:25-31); 3) a terceira prova foi o testemunho dos cristãos (Atos 2:33); 4) a quarta prova foi a presença do Espírito Santo (Atos 2:33-35).[16]

Quarto: *A exaltação de Cristo* (Atos 2:33-35). Ao consumar sua obra aqui na terra, Jesus ressuscitou em glória e comissionou seus discípulos a pregar o evangelho em todo o mundo, a cada criatura. Depois, voltou para o céu, entrou na glória, foi recebido apoteoticamente pelos anjos, e assentou-se à destra do Pai, para governar a igreja, interceder por ela e revesti-la com o poder do seu Espírito. Jesus reina. Ele está no trono do universo e vai voltar gloriosamente.

Quinto: *O senhorio de Cristo* (Atos 2:36). Jesus é o Senhor do universo, da história e da igreja. Diante dele todo joelho deve se dobrar nos céus, na terra e debaixo da terra. Ele reina e todas as coisas estão debaixo dos seus pés. O Espírito Santo veio para exaltar Jesus e apontar para Ele. O ministério do Espírito Santo é o ministério de holofote, ou seja, exaltar Jesus (João 16:13,14). O

---

[16] WIERSBE, Warren W. *Comentário bíblico expositivo.* Vol. 5. 2006, p. 529, 530.

Espírito não lança luz sobre si mesmo. Ele não fala de si mesmo. Ele não exalta a si mesmo. Ele projeta sua luz na direção de Jesus para o exaltar.

Em segundo lugar, *uma pregação eficaz quanto ao seu propósito* (Atos 2:37). A pregação de Pedro explodiu como dinamite no coração da multidão. Produziu uma compulsão na alma. Foi um sermão que atingiu os corações. O termo grego *akousantes* significa ferir, dar uma forte ferroada. Era usado para descrever emoções dolorosas, que penetram o coração como um aguilhão.[17] Pedro não pregou para agradar nem para entreter. Ele foi direto ao ponto. Não pregou diante do auditório, mas ao auditório. Pedro disse ao povo que, embora a cruz tivesse sido planejada por Deus desde a eternidade, eles eram responsáveis pela morte de Cristo. O apóstolo sentenciou: "[...] vós o matastes, crucificando-o por mãos de iníquos" (Atos 2:23). A pregação precisa ser direta, confrontadora. Ela precisa gerar a agonia do arrependimento. A pregação de Pedro produziu profunda convicção de pecado na multidão. Hoje há pouca convicção de pecado na igreja. Estamos insensíveis demais, com os olhos enxutos demais, com o coração duro demais.

Em terceiro lugar, *uma pregação clara em suas exigências* (Atos 2:38). Antes de falar de perdão, Pedro falou de culpa. Antes de falar de cura, ele revelou à multidão a sua doença. Antes de falar de redenção, falou de pecado. Antes de falar de salvação, mostrou que eles estavam perdidos em seus pecados. Antes de pregar o evangelho, mostrou-lhes a lei. Não há salvação sem arrependimento.

---

[17] Fritz Rienecker e Cleon Rogers. *Chave Linguística do Novo Testamento Grego*. 1985, p. 197.

Ninguém entra no céu sem antes saber que é um pecador. Pedro se dirigiu a um grupo extremamente religioso, pois todo aquele povo tinha ido a Jerusalém para uma festa religiosa; mas a despeito dessa religiosidade, precisava se arrepender para ser salvo. Hoje, a pregação do arrependimento está desaparecendo dos púlpitos. Precisamos nos arrepender da nossa falta de arrependimento. O brado de Deus que emana das Escrituras ainda é: "Arrependei-vos!". Esta foi a ênfase de João Batista, de Jesus e dos apóstolos.

Temos visto hoje uma mudança desastrosa na pregação. Tem-se pregado muito sobre libertação e quase nada sobre arrependimento. Os pregadores berram dos púlpitos, dizendo que as pessoas estão com encosto, mau olhado e espíritos malignos. Dizem que elas precisam ser libertas. Mas essa pregação é incompleta, pois ainda que as pessoas de fato estejam possessas e sejam libertas dessa possessão, o seu problema não está de todo resolvido, pois a Bíblia diz que todos pecaram e carecem da glória de Deus. O homem é culpado diante de Deus e por isso precisa arrepender-se. O homem precisa colocar a boca no pó e depor as suas armas. Sem arrependimento o mais virtuoso dos homens não pode ser salvo. O pecado não é tanto uma questão do que fazemos, mas de quem somos. O homem não é pecador porque peca, ele peca porque é pecador. Nossa natureza é pecaminosa. Nosso coração não é bom como pensava Jean Jacques Rousseau, mas corrupto; não é neutro como pensava John Locke, mas inclinado para o mal.

Em quarto lugar, *uma pregação específica quanto à promessa* (Atos 2:38-40). Duas promessas são feitas ao arrependido: uma ligada ao passado e outra ao futuro — remissão de pecados e dom do Espírito Santo. Depois que somos salvos, então podemos ser cheios do Espírito. Primeiro o povo se volta para Deus de todo o coração, com choro, jejuns, rasgando o coração; depois o Espírito é derramado.

Em quinto lugar, *uma pregação vitoriosa quanto aos resultados* (Atos 2:41). Quando há poder na pregação, vidas são salvas. A pregação de Pedro não apenas produziu conversões abundantes, mas também frutos permanentes. Eles não somente nasceram, mas também cresceram na graça de Jesus (Atos 2:42-47). Ao serem convertidas, elas foram batizadas, integraram-se na igreja e perseveraram. Criaram raízes. Amadureceram. Fizeram outros discípulos e a igreja tornou-se irresistível. Hoje é difícil manter atualizado o rol de membros de uma igreja. As pessoas entram pela porta da frente e ao sinal da primeira crise buscam uma fuga pela porta dos fundos. Bebericam em várias fontes, buscam alimento em diversos pastos, colocam-se debaixo do cajado de diversos pastores. Tornam-se ovelhas errantes, sem redil, sem referência, sem raízes.

Ao concluir essa exposição sobre o sermão de Pedro, John Stott corretamente nos diz que o apóstolo enfocou a pessoa de Cristo, contando sua história em seis estágios: 1) Ele era um homem, mas sua divindade era reconhecida pelos seus milagres; 2) Ele foi morto por mãos iníquas, mas segundo o propósito de Deus; 3) Ele ressurgiu dos mortos, como previram os profetas e testemunharam os apóstolos; 4) Ele foi elevado à destra de Deus, e de lá derramou o seu Espírito; 5) Ele dá o perdão e o Espírito a todos que se arrependem, creem e são batizados; 6) Ele os acrescenta à sua nova comunidade.[18]

A VIDA DA IGREJA CHEIA DO ESPÍRITO SANTO

A igreja de Jerusalém conjugava doutrina e vida; credo e conduta; palavra e poder; qualidade e quantidade. Hoje vemos igrejas que revelam grandes desequilíbrios: as igrejas que zelam pela doutrina não celebram com entusiasmo. As igrejas ativas na ação social desprezam a oração. Aquelas que mais crescem em número mercadejam a verdade. Ao contrário disso, a igreja de Jerusalém foi unificada (Atos 2:44), exaltada (Atos 2:47a) e multiplicada (Atos 2:47b).

Quais são as marcas de uma igreja cheia do Espírito Santo?

Em primeiro lugar, *uma igreja cheia do Espírito é comprometida com a fidelidade à Palavra de Deus* (Atos 2:42). A igreja de Jerusalém nasceu sob a égide da verdade. A igreja começou com o derramamento do Espírito, a pregação cristocêntrica e a permanência dos novos crentes na doutrina dos apóstolos. A doutrina dos apóstolos é o inspirado ensino apostólico pregado oralmente naquele tempo, e agora preservado no Novo Testamento.[19] Stott diz que o Espírito Santo abriu um escola em Jerusalém; seus professores eram os apóstolos que Jesus escolhera; e havia três mil alunos no jardim da infância. A igreja apostólica era uma igreja que aprendia. Com isso, deduzimos que o anti-intelectualismo e a plenitude

---

[18] John Stott. *A mensagem de Atos*. 2005, p. 83.
[19] MACDONALD, William. *Believer's Bible Commentary*. 1995, p. 1588.

do Espírito são mutuamente incompatíveis, pois o Espírito Santo é o Espírito da verdade. O Espírito de Deus leva o povo de Deus a submeter-se à Palavra de Deus.[20] Deus tem compromisso com a sua Palavra. Ele tem zelo pela sua Palavra. Uma igreja fiel não pode mercadejar a Palavra.

Em segundo lugar, *uma igreja cheia do Espírito é perseverante na oração* (Atos 2:42). Uma igreja cheia do Espírito ora com fervor e constância. A igreja de Jerusalém não apenas possuía uma boa teologia da oração, mas efetivamente orava. Ela dependia mais de Deus do que dos seus próprios recursos, como podemos ver a seguir:

- Atos 1:14 – todos unânimes perseveravam em oração.
- Atos 3:1 – os líderes da igreja vão orar às 3 horas da tarde.
- Atos 4:31 – a igreja sob perseguição ora, o lugar treme e o Espírito desce.
- Atos 6:4 – a liderança entende que a sua maior prioridade é a oração e a Palavra.
- Atos 9:11 – o primeiro sinal que Deus deu a Ananias sobre a conversão de Paulo é que ele estava orando.
- Atos 12:5 – Pedro está preso, mas há oração incessante da igreja em seu favor e ele é liberto miraculosamente.
- Atos 13:1-3 – a igreja de Antioquia ora e Deus abre as portas das missões mundiais.

---

[20] John Stott. *A mensagem de Atos*. 2005, p. 87.

- Atos 16:25 – Paulo e Silas oram na prisão e Deus abre as portas da Europa para o evangelho.
- Atos 20:36 – Paulo ora com os presbíteros da igreja de Éfeso na praia.
- Atos 28:8,9 – Paulo ora pelos enfermos da ilha de Malta e os cura.

Em terceiro lugar, *uma igreja cheia do Espírito é distinguida por profunda comunhão* (Atos 2:42,44,45,46). Uma igreja cheia do Espírito é um lugar onde os irmãos se amam profundamente. Eles gostavam de estar juntos (Atos 2.44). Eles partilhavam seus bens (Atos 2.45). Eles gostavam de estar no templo (Atos 2:46) e também nos lares (Atos 2:46b). Havia um só coração e uma só alma. Onde desce o óleo do Espírito, aí há união entre os irmãos; aí ordena o Senhor a sua bênção e a vida para sempre (Salmos 133). Os crentes eram sensíveis para ajudar os necessitados (Atos 2:44,45). Os crentes converteram o coração e o bolso. Tinham desapego dos bens e apego às pessoas. Encarnaram a graça da contribuição. Concordo com Stott quando diz que a comunhão cristã e o cuidado cristão são compartilhamento cristão.[21]

Em quarto lugar, *uma igreja cheia do Espírito adora a Deus com entusiasmo* (Atos 2:47). Uma igreja cheia do Espírito canta com fervor. Ela louva a Deus com entusiasmo. O culto era uma delícia. Eles amavam a Casa de Deus. Uma igreja viva tem alegria de estar na Casa de Deus para adorar. A comunhão no templo é uma das

---

[21] STOTT, John. *A mensagem de Atos*. 2005, p. 89.

marcas da igreja ao longo dos séculos. O louvor da igreja era constante. Uma igreja alegre canta. Os muçulmanos tem mais de um bilhão de adeptos no mundo, mas eles não cantam. Uma igreja viva tem uma louvor fervoroso, contagiante, restaurador, sincero, verdadeiro. O louvor que agrada a Deus tem sua origem em Deus, tem o propósito de exaltar a Deus e como resultado produz quebrantamento nos corações. O culto verdadeiro produz reverência e alegria, pois se a alegria do Senhor for uma obra do Espírito, o temor do Senhor também será autêntico.

Em quinto lugar, *uma igreja cheia do Espírito teme a Deus e experimenta os seus milagres* (Atos 2.43). Uma igreja cheia do Espírito é formada por um povo cheio de reverência. Ela tem compreensão da santidade de Deus. Ela se curva diante da majestade de Deus. Hoje as pessoas estão acostumadas com o sagrado. Há uma banalização do sagrado. Há uma saturação, comercialização e paganização das coisas de Deus. Quem conhece a santidade de Deus não brinca com as coisas divinas.

A igreja de Jerusalém era reverente e também aberta ao agir soberano de Deus. Ela tinha a agenda aberta para as soberanas intervenções de Deus. Ela acreditava nos milagres de Deus. A manifestação extraordinária de Deus estava presente na vida da igreja:

- Atos 3 – o paralítico é curado.
- Atos 4:31 – o lugar em que a igreja ora, treme.
- Atos 5:12,15 – muitos sinais e prodígios são feitos.
- Atos 8:6 – Filipe realiza sinais em Samaria.
- Atos 9 – a conversão de Saulo é seguida da sua cura.

- Atos 12 – a libertação de Pedro pelo anjo do Senhor.
- Atos 16 – o terremoto em Filipos.
- Atos 19:11 – Deus, pelas mãos de Paulo, fazia milagres.
- Atos 28:8,9 – Deus cura os enfermos de Malta pela oração de Paulo.

Hoje há dois extremos na igreja: aqueles que negam os milagres e aqueles que inventam os milagres.

Em sexto lugar, *uma igreja cheia do Espírito tem a simpatia dos homens e a bênção do crescimento numérico por parte de Deus* (Atos 2:47). Essa igreja é simpática e amável. Ela é sal e luz. Ela é boca de Deus e monumento da graça. Essa igreja tem qualidade e também quantidade. Ela cresce para o alto e também para os lados. Ela tem vida e também números. A igreja de Jerusalém produziu impacto na sociedade pelo seu estilo de vida. A igreja era comprometida com a verdade, mas não legalista; a igreja era santa, mas não farisaica; a igreja era piedosa, mas não com santarronice; os crentes eram alegres, festivos, íntegros. Eles contagiavam. O estilo de vida da igreja impactava a sociedade: melhores maridos, melhores esposas, melhores filhos, melhores pais, melhores estudantes, melhores profissionais. O resultado da qualidade é a quantidade. Deus mesmo acrescentava a essa igreja, dia a dia, os que iam sendo salvos. Temos hoje dois extremos: numerolatria e numerofobia. Precisamos entender que qualidade gera quantidade. A igreja crescia em números. A igreja crescia diariamente. A igreja crescia por adição de vidas salvas. A igreja crescia por ação divina. Vejamos o crescimento da igreja:

- Atos 1:15 – 120 membros.
- Atos 2:41 – 3 mil membros.
- Atos 4:4 – 5 mil membros.
- Atos 5:14 – uma multidão é agregada à igreja.
- Atos 6:17 – o número dos discípulos é multiplicado.
- Atos 9:31 – a igreja se expande para a Judeia, Galileia e Samaria.
- Atos 16:5 – igrejas são estabelecidas e fortalecidas no mundo inteiro.

Capítulo

6

"PREGA A PALAVRA"

Arival Dias Casimiro

"A Palavra de Deus é uma coisa muito sagrada, e a pregação
é uma obra muito solene, para que se brinque com elas."
WILLIAM GURNALL

"Pregação é teologia que vem por meio
de um homem em chamas."
D. MARTYN LLOYD-JONES

Deus gera e promove avivamento pela pregação da sua Palavra. Deus declara que a sua Palavra é fogo: "Não é a minha palavra fogo, diz o SENHOR, e martelo que esmiúça a penha?" (Jeremias 23:29). E uma das propriedades do fogo é que ele ilumina. A Palavra de Deus é lâmpada e luz para nos iluminar, nos esclarecer e nos conduzir. "Lâmpada para os meus pés é a tua palavra, e luz para os meus caminhos" (Salmos 119:105). O salmista declara: "O mandamento do SENHOR é puro e ilumina os olhos" (Salmos 19:8). A Palavra é suficiente e eficiente para nos dar visão e abrir os nossos olhos espirituais. Pedro declara que a Escritura é como uma candeia que brilha na escuridão: "Temos, assim, tanto mais confirmada a palavra profética, e fazeis bem em atendê-la, como a uma candeia que brilha em lugar tenebroso, até que o dia clareie e a estrela da alva nasça em vosso coração" (2Pedro 1:19). Por isso devemos começar o assunto do avivamento meditando sobre a pregação da Palavra de Deus.

"Prega a Palavra" é a ordem de Deus para a igreja e para o pregador do evangelho. Não temos outra opção. Ela é o meio estabelecido por Deus para salvar os perdidos, edificar os salvos e julgar o mundo. Ela é a marca distintiva do cristianismo. Ela jamais deverá ser substituída por vídeos, teatros, danças, testemunhos e musicais. Ela deve ter a primazia na vida e na missão da igreja.

Quando tratamos da pregação da Palavra de Deus precisamos de alguns pressupostos teológicos. John Stott afirma que na pregação "a teologia é mais importante do que a metodologia". Se desejamos ser pregadores e não oradores, precisamos mais da teologia do que da homilética. Precisamos ter convicções teológicas sobre Deus, das Escrituras Sagradas, da igreja, do pastorado e da pregação[1]. Para pregarmos a Palavra de Deus devemos ter algumas convicções:

- *Precisamos crer que a Bíblia é a Palavra de Deus.* Se duvidamos da inspiração plenária e verbal da Escritura, sua inerrância original, sua autoridade em matéria de fé e

---

[1] STOTT, John. *Eu creio na pregação*. São Paulo: Vida, 2003, p. 97-141.

conduta, sua infalibilidade e sua eternidade, jamais deveremos pregá-la.

- *Precisamos crer no poder inerente da Palavra.* Ela é a semente do reino lançada sobre o solo do coração humano. Ela é o pensamento divino que sai pela boca de Deus fazendo tudo que Ele quiser. Ela é o trigo que alimenta e o martelo que esmiúça a pedra. Ela é a espada do Espírito que corta, penetra, separa e discerne pensamentos e propósitos do coração. Ela é viva e tem vida em si mesma. Portanto, não substitua a Bíblia por palavras humanas.
- *Precisamos ler, meditar, entender ou compreender o texto bíblico antes de pregá-lo.* Use os recursos da exegese e da hermenêutica bíblica. Disponha a sua mente e o seu coração para buscar, cumprir e ensinar a Palavra de Deus.
- *Precisamos amar as pessoas para quem pregamos.* Há muitos pregadores que amam a pregação, mas não gostam dos seus ouvintes. Seguem o exemplo do profeta Jonas que pregou a Palavra de Deus, mas não queria a conversão dos ninivitas. A pregação é uma declaração do amor de Deus.
- *Precisamos da unção do Espírito Santo na pregação.* Um pregador pode possuir conhecimento bíblico e teológico, ser dedicado e disciplinado na preparação da sua mensagem; mas, sem a unção do Espírito Santo não terá poder e eficácia na sua pregação.
- *Precisamos pregar na expectativa de obter resultados.* Quando pregamos, alguns escarnecem, outros protelam, mas outros creem de imediato. C. H. Spurgeon diz: "Se um pastor

ficar satisfeito sem conversões, ele simplesmente não terá conversões".[2] Não devemos jamais ficar satisfeitos com uma pregação sem poder e sem frutos. D. Martyn Lloyd-Jones diz: "Pregação sem fruto é a exceção e não a regra no ministério. Não deixe que conversão alguma lhe cause admiração; pelo contrário, fique admirado se alguém não se converter".[3]

Agora vamos analisar o texto bíblico que serve de roteiro para o conteúdo desse capítulo:

> Conjuro-te, perante Deus e Cristo Jesus, que há de julgar vivos e mortos, pela sua manifestação e pelo seu reino: prega a palavra, insta, quer seja oportuno, quer não, corrige, repreende, exorta com toda a longanimidade e doutrina. Pois haverá tempo em que não suportarão a sã doutrina; pelo contrário, cercar-se-ão de mestres segundo as suas próprias cobiças, como que sentindo coceira nos ouvidos; e se recusarão a dar ouvidos à verdade, entregando-se às fábulas. Tu, porém, sê sóbrio em todas as coisas, suporta as aflições, faze o trabalho de um evangelista, cumpre cabalmente o teu ministério (2Timóteo 4.1-5).

A SERIEDADE DA PREGAÇÃO (2TIMÓTEO 4:1)

Pregação é um assunto sério para Deus e deve ser também para nós. Ela é uma atividade que exige esforço, coração e seriedade.

---

[2] https://afontedevida.blogspot.com/pregação.
[3] https://afontedevida.blogspot.com/pregação.

Devemos pregar cada mensagem como se jamais pudéssemos pregar novamente. Jonathan Edwards diz: "Saio para pregar com dois objetivos em mente. Primeiro, que todas as pessoas deem sua vida a Cristo. Segundo, ainda que ninguém mais lhe entregue a vida, entregarei a minha".[4] Não devemos brincar de ser pregadores e nem tratar a pregação com desdém.

Paulo declara a Timóteo: "Conjuro-te, perante Deus e Cristo Jesus, que há de julgar vivos e mortos, pela sua manifestação e pelo seu reino" (2Timóteo 4:1). Trata-se de uma afirmação solene que tem como objetivo chamar a atenção de Timóteo para a seriedade da pregação. Paulo está às vésperas da sua morte e delega a Timóteo a soleníssima incumbência de pregar. Vejamos:

Em primeiro lugar, *prega sabendo que essa responsabilidade lhe foi dada por Deus*. "Conjuro-te" significa "admoesto ou ordeno solenemente" ante os olhos do próprio Deus e de Jesus Cristo (1Timóteo 5:21). Paulo põe Timóteo sob o juramento de cumprir o mandamento que recebeu solenemente de pregar a Palavra. Todos os pastores e pregadores são responsáveis diante de Deus pela pregação do evangelho. Trata-se de um compromisso vocacional e de votos feitos no ato de ordenação ao sagrado ministério. Timóteo recebeu do Espírito Santo o dom da pregação associado à imposição de mãos feita pelos presbíteros, provavelmente em Listra. "Até à minha chegada, aplica-te à leitura, à exortação, ao ensino. Não te faças negligente para com o dom que há em ti, o qual te foi concedido mediante profecia, com a imposição das

---

[4] https://afontedevida.blogspot.com/pregação.

mãos do presbitério" (1Timóteo 4:13,14). Paulo lembra Timóteo da seriedade da sua vocação, ordenação e ministério de pregação.

Em segundo lugar, *prega consciente da responsabilidade de que você prestará contas da sua pregação, na segunda vinda de Jesus.* Veja como você prega e avalie o conteúdo da sua pregação. Haverá um julgamento final quando prestaremos contas do nosso serviço e daquilo que ensinamos e pregamos. Diz o apóstolo Paulo: "Portanto, nada julgueis antes do tempo, até que venha o Senhor, o qual não somente trará à plena luz as coisas ocultas das trevas, mas também manifestará os desígnios dos corações; e, então, cada um receberá o seu louvor da parte de Deus" (1Coríntios 4:5). Jesus vem para julgar vivos e mortos. Todo pregador deve pregar como se fosse o último ato da sua vida. Thomas Brooks diz: "Seu dever e glória é fazer todos os dias o que faria voluntariamente em seu último dia de vida".[5]

Em terceiro lugar, *prega sabendo que após a segunda vinda de Jesus reinaremos com ele.* Ele voltará segunda vez para reinar conosco. A sua segunda vinda é certa e iminente tal como um nascer do sol. Ele virá e assumirá a sua majestosa realeza definitivamente. Se Timóteo obedecer pregando a Palavra, ele participará da epifania e do reino (2Timóteo 2.12; Apocalipse 3.21 e 22.5).

Em síntese, para desafiar Timóteo a pregar com seriedade, Paulo lembra três coisas acerca de Jesus Cristo: Ele é o Juiz que conhece tudo que somos e fazemos, ao qual deveremos prestar contas. Ele é o Senhor que retornará ou se manifestará (*epifania*)

---

[5] https://afontedevida.blogspot.com/pregação.

gloriosa e inesperadamente; Ele é o Rei que implantará definitivamente o seu reino e reinará eternamente. O temor reverente a Deus é a chave para a fidelidade e a seriedade na pregação.

A ORDEM PARA PREGAR (2TIMÓTEO 4:2)

A pregação não é uma opção, mas uma ordem de Deus. Prega a palavra, insta, quer seja oportuno, quer não, corrige, repreende, exorta com toda a longanimidade e doutrina (2Timóteo 4:2). Destacamos, aqui, três verdades importantes:

Em primeiro lugar, *o que pregar: prega a palavra*. O verbo "pregar" (*kerison*) significa "anunciar" ou "proclamar". A ideia é de dar a conhecer pública e oficialmente um assunto de grande relevância. O pregador da Palavra fala como um arauto ou um embaixador da parte de Deus (Mateus 10:27; Romanos 10:14,15). A "Palavra" não deve ser discutida, dialogada ou debatida, mas pregada com toda autoridade, em voz clara e audível. Como pastor, Timóteo não era obrigado a meramente conhecer a Palavra ou gostar da Palavra ou aprovar a Palavra; ele foi ordenado a pregar a palavra.

O conteúdo da pregação é a Bíblia, os oráculos de Deus, o bom depósito, a Escritura, as sagradas letras, a sã doutrina, o evangelho. Hernandes Dias Lopes comenta:

> O pregador não pode pregar as próprias palavras. Não pode, também, torcer as palavras de Deus. Não pode subtrair nada nem acrescentar nada à Palavra. Seu papel não é ser popular, mas fiel. O seu chamado é para pregar a Palavra e não sobre

a Palavra. A Palavra é o conteúdo da mensagem e autoridade do mensageiro. O pregador não cria a mensagem; ele a proclama.[6]

A igreja recebeu a ordem ou a grande comissão: "Ide e pregai o evangelho a toda criatura" (Marcos 16:15). Os apóstolos sabiam que a pregação do evangelho era um ato de obediência à ordem divina. Trata-se de uma missão exclusiva, intransferível e inegociável. "E nos mandou pregar ao povo e testificar que ele é quem foi constituído por Deus Juiz de vivos e de mortos. Dele todos os profetas dão testemunho de que, por meio de seu nome, todo aquele que nele crê recebe remissão de pecados" (Atos 10:42,43). Observa a ênfase "nos mandou pregar" e "testificar" ou "testemunhar" como uma ação de obediência que implica dar a própria vida para cumprir a missão. Por isso toda a perseguição que vem sobre a igreja tem um único objetivo: fazer a igreja parar de pregar a Palavra de Deus. É por isso que quando veio a oposição por parte dos judeus, ordenando-os a não pregar, os apóstolos reagiram com convicção e ousadia. "Chamando-os, ordenaram-lhes que absolutamente não falassem, nem ensinassem em o nome de Jesus. Mas Pedro e João lhes responderam: 'Julgai se é justo diante de Deus ouvir-vos antes a vós outros do que a Deus; pois nós não podemos deixar de falar das cousas que vimos e ouvimos'" (Atos 4:18-20). Pregar é um ato de obediência e não pregar é um pecado de omissão.

---

[6] LOPES, Hernandes Dias. *2Timóteo:* o testamento de Paulo à igreja. São Paulo: Hagnos, 2014, p. 107.

Em segundo lugar, *quando se deve pregar: a tempo e a fora de tempo*. A ordem de Paulo é pregar em todo o tempo: "prega a palavra, insta, quer seja oportuno, quer não". A palavra "insta" (*ephistemi*) significa "esteja preparado" ou "mostra-te disposto a pregar continuamente ou a todo tempo". A orientação é que Timóteo pregue quer as pessoas ouçam quer não, quando as oportunidades são favoráveis ou contrárias. O tempo e as circunstâncias não devem impedir a pregação do evangelho.

Olhando para a igreja hoje, o trabalho está sendo limitado aos horários e aos ambientes de cultos. Há pastores que pregam somente nos cultos regulares da igreja e para auditórios limitados. O diabo trabalha o tempo todo e em todos os lugares para destruir a vida das pessoas. Precisamos pregar em todo o tempo e em todos os lugares. "E todos os dias, no templo e de casa em casa, não cessavam de ensinar e de pregar Jesus, o Cristo" (Atos 5:42). Os cristãos primitivos pregavam todos os dias nas casas, nas praças e ruas e nos lugares sagrados. Paulo declara aos presbíteros de Éfeso: "Servindo ao Senhor com toda a humildade, lágrimas e provações que, pelas ciladas dos judeus, me sobrevieram, jamais deixando de vos anunciar coisa alguma proveitosa e de vo--la ensinar publicamente e, também, de casa em casa testificando tanto a judeus como a gregos o arrependimento para com Deus e a fé em nosso Senhor Jesus [Cristo]" (Atos 20:19-21). Ele pregava toda a Bíblia, em todos os lugares e a todas as pessoas. Devemos pregar aproveitando todas as oportunidades e todos os recursos disponíveis. Com os recursos das redes sociais, temos uma porta de comunicação global vinte e quatro horas por dia.

Em terceiro lugar, *como pregar a Palavra: aplicando a Palavra à vida dos ouvintes*. A pregação não deve ser teórica, árida e descontextualizada. Precisamos pregar às pessoas, aplicando o ensino às suas necessidades. Paulo enfatiza: "Corrige, repreende, exorta com toda a longanimidade e doutrina" (2Timóteo 4:2). Paulo usa três palavras para descrever essa aplicação: (1) Corrigir (*elegcho*) significa pregar com o intuito de "refutar" ou "confrontar" erros e pecados. A pregação deve confrontar os ouvintes em seus pecados. "Quanto aos que vivem no pecado, repreende-os na presença de todos, para que também os demais temam" (1Timóteo 5.20). (2) Repreender (*epitimao*) significa "censurar" ou "advertir com seriedade". William Hendriksen explica: "No processo de reprovar ou de convencer o pecador, este deve ser repreendido severamente. Não se deve reduzir a gravidade desse pecado".[7] (3) Exortar (*parakaleo*) significa "consolar" e "encorajar". De mãos dadas com a correção e a repreensão, vem o consolo e o encorajamento. "E sabeis, ainda, de que maneira, como pai a seus filhos, a cada um de vós, exortamos, consolamos e admoestamos, para viverdes por modo digno de Deus, que vos chama para o seu reino e glória" (1Tessalonicenses 2:12). Trata-se de um ato de amor fraternal.

Uma aplicação para os pregadores atuais. O púlpito não deve ser uma vitrine para exibir os talentos do pregador. Jesus pediu a Pedro que apascentasse a suas ovelhas e não as suas girafas. Devemos colocar o feno ao alcance das ovelhas. Procure atingir a mente, o coração e a vontade das ovelhas. Paulo reafirma aqui o

---

[7] HENDRIKSEN, William. Comentário do Novo Testamento. 1 e 2 Timoteo e Tito. São Paulo: Cultura Cristã, 2001, p.382.

que já havia dito a Timóteo: "Toda a Escritura é inspirada por Deus e útil para o ensino, para a repreensão, para a correção, para a educação na justiça" (2Timóteo 3:16). A Bíblia é útil para nos ensinar aquilo que devemos aprender e praticar na vida (Salmos 1:3). Ela é útil para nos repreender e nos reprovar quando estamos errados (Hebreus 4:12,13). Ela é útil para nos corrigir, revelando os nossos erros e consertando os nossos defeitos (Salmos 119:11). Ela é útil para nos educar na prática daquilo que é justo e correto (Romanos 14:17). Ela nos ensina o que é certo, ela nos repreende naquilo que é errado, ela nos corrige em como fazer o que é correto e nos educa como permanecer no caminho certo.

Para agir assim, Paulo descreve a atitude que Timóteo deve ter na pregação: "com toda longanimidade e doutrina". Primeiro, a longanimidade (*makrothumia*) significa "paciência" e "perseverança". É uma das virtudes espirituais ligadas ao fruto do Espírito Santo (Gálatas 5:22). Descreve a ação de um espírito que nunca se irrita, nunca se cansa ou desanima. Nem sempre as pessoas aprendem de uma vez e nem mudam com um sermão. Pregamos muitas vezes para lembrar às pessoas aquilo que elas já sabem (2Pedro 1:12-15). É necessário continuar pregado persistentemente, "com toda paciência". Segundo, "com toda doutrina". O termo empregado pelo apóstolo (*didache*) significa "ensino ou conteúdo da sã doutrina". Para cada necessidade do pecador há um ensino adequado da Palavra. O pregador deve conhecer bem a Palavra para aplicá-la aos seus ouvintes: "Procura apresentar-te a Deus aprovado, como obreiro que não tem de que se envergonhar, que maneja bem a palavra da verdade" (2Timóteo 2:15). A obrigação do obreiro pregador é "manejar bem" (cortar corretamente), ser exato e preciso na interpretação, ensino e aplicação da Bíblia.

OS MOTIVOS PARA A PREGAÇÃO (2TIMÓTEO 4:3,4)

Estamos vivendo os "últimos dias", período que cobre o tempo entre a primeira e a segunda vinda de Jesus Cristo. Esse período é chamado de "tempos difíceis", pois as pessoas sempre resistirão ou negarão a ouvir o evangelho. Timóteo, porém, como nós hoje, deve continuar pregando a Palavra de Deus. Aquilo que aparentemente é uma ameaça, deve ser a nossa maior motivação. Devemos pregar a Palavra por dois motivos:

Primeiro, as pessoas rejeitarão a sã doutrina. "Pois haverá tempo em que não suportarão a sã doutrina" (2Timóteo 4:3). As pessoas não suportarão e se negarão a ouvir o que a Bíblia diz. Haverá um tempo e esse já chegou. Há uma rejeição consciente e intencional do evangelho de Cristo. A "sã doutrina" é a Bíblia. Ela é "sã" e produz a genuína saúde espiritual. Ela sara o homem de si mesmo, do seu pecado e da sua condenação eterna. Timóteo precisava manter o foco na Palavra de Deus porque o homem, por seu instinto natural, não quer a revelação escrita de Deus. Os homens amam as trevas, a si mesmo e a glória humana. Não é o pregador do evangelho que falha, mas os ouvintes ou o auditório.

Segundo, as pessoas se voltarão para os falsos mestres e seus ensinamentos. "Pelo contrário, cercar-se-ão de mestres segundo as suas próprias cobiças, como que sentindo coceira nos ouvidos; e se recusarão a dar ouvidos à verdade, entregando-se às fábulas" (2Timóteo 3). O processo tem uma sequência lógica: rejeição da sã doutrina e adoção do falso ensino. As pessoas têm ouvidos que "comicham" ou "sentem cócegas", um desejo irritante por fantasias ou desejos pecaminosos. É a mesma ideia de "paixões da mocidade" (2Timóteo 2:22). São desejos pecaminosos de atender os apetites físicos (comida, bebida e sexo), a paixão descontrolada de ser o primeiro ou ter proeminência e o desejo incontrolável por bens materiais. Tais desejos nascem internamente no coração cobiçoso, despertando desejos por novidades humanas. Consequências: rejeição da verdade divina e entrega aos mitos.

Aqueles que rejeitam a Deus são entregues ao juízo de acreditarem em fábulas. A fábula do ateísmo, do politeísmo, do evolucionismo, da Bíblia obsoleta, da impecabilidade humana, da salvação pelas obras, da reencarnação da alma, da impunidade do pecado, da ausência do inferno e do juízo final. Paulo diz a Timóteo: "Ora, o Espírito afirma expressamente que, nos últimos tempos, alguns apostatarão da fé, por obedecerem a espíritos enganadores e a ensinos de demônios" (1Timóteo 4:1). Quem diz é o Espírito Santo. Ele é o Espírito de conhecimento, de entendimento, de revelação, de sabedoria e de verdade. Observe que Ele diz "expressamente", isto é, "claramente", "sem sombra de dúvidas," coisas que irão realmente acontecer. Ele diz que nos últimos dias alguns apostatarão da fé. A palavra "apostatar" significa "abrir mão" ou "deixar uma posição", "desviar-se" ou "cair. A apostasia da fé significa abandonar a sã doutrina e passar a acreditar em fábulas ou doutrinas demoníacas.

A POSTURA DO PREGADOR (2TIMÓTEO 4:5)

Uma das características dos falsos profetas e dos pregadores sem fidelidade às Escrituras tem sido sempre pregar o que o povo quer ouvir. Mas Timóteo é um pregador da Palavra. Paulo declara: "Tu, porém, sê sóbrio em todas as coisas, suporta as aflições, faze o trabalho de um evangelista, cumpre cabalmente o teu ministério" (2Timóteo 4:5). A expressão "tu, porém" revela um contraste. Sempre há mestres que se dispõem a coçar e a fazer cócegas nos ouvidos de quem deseja assim o deseja. Quanto a Timóteo, ele se contrasta por ser um verdadeiro pregador. Ele precisa ter postura e atitudes. Paulo destaca quatro coisas.

Primeiro, *sobriedade*. "Tu, porém, sê sóbrio em todas as coisas" (2Timóteo 4:5a). O vocábulo "sóbrio" significa "tranquilo, "estável" e "racional". No meio da batalha da verdade contra a mentira, Timóteo precisa manter-se equilibrado e controlar a si mesmo. Diante de tanto desequilíbrio espiritual mantenha o seu autocontrole. Ele não deve se deixar seduzir por tudo quanto é popular, sensacional e emocional. Isso abrange "em todas as coisas". Cuidado, pois fama e popularidade têm matado mais pregadores do que a perseguição.

Segundo, *suporta as aflições*. "Suporta as aflições" (2Timóteo 4:5b). Há um preço a ser pago pelos pregadores da sã doutrina. Sofreremos oposições, perseguições e difamações. Na pregação da Palavra enfrentaremos lutas e grandes sofrimentos. Paulo disse a Timóteo: "Participa dos meus sofrimentos como bom soldado de Cristo Jesus" (2Timóteo 2:3). "Ora, todos quantos querem viver piedosamente em Cristo Jesus serão perseguidos" (2Timóteo 3:12).

Para suportar as aflições do ministério da pregação precisamos ser assistidos sobrenaturalmente por Deus. "Mas o Senhor me assistiu e me revestiu de forças, para que, por meu intermédio, a pregação fosse plenamente cumprida, e todos os gentios a ouvissem; e fui libertado da boca do leão" (2Timóteo 4:17).

Terceiro, *trabalhe com dedicação*. "Faze o trabalho de um evangelista" (2Timóteo 4:5c). Realiza o trabalho de alguém que tem o evangelho para pregar. Timóteo não deve buscar, nem evitar e nem reclamar dos sofrimentos inerentes ao trabalho de pregar o evangelho. Simplesmente, deve trabalhar com alegria e satisfação. Veja o exemplo dos apóstolos:

> Chamando os apóstolos, açoitaram-nos e, ordenando-lhes que não falassem em o nome de Jesus, os soltaram. E eles se retiraram do Sinédrio regozijando-se por terem sido considerados dignos de sofrer afrontas por esse Nome. E todos os dias, no templo e de casa em casa, não cessavam de ensinar e de pregar Jesus, o Cristo. (Atos 5.40-42)

Regozije-se pelo fato de sofrer por causa do evangelho de Cristo.

Quarto, *conclua o seu ministério*. "Cumpre cabalmente o teu ministério" (2Timóteo 4:5d). Timóteo tem um ministério (*diaconia*) a desempenhar. O verbo "cumprir" (*plerophoreo*) significa "encher completamente", "realizar plenamente", "desempenhar bem" e "concluir". Esqueça os falsos mestres com os seus falsos ensinos e concentre-se na realização do seu ministério. Não sabemos quem escreveu os versos abaixo, mas a sua mensagem é encorajadora:

Trabalho ou Ministério?

Um trabalho é aquele que você escolhe;
Um ministério é aquele que Cristo escolhe para você.
Um trabalho depende de suas habilidades;
Um ministério depende da sua disponibilidade para Deus.
Em um trabalho você espera receber;
Em um ministério você espera dar.
Um trabalho bem-feito traz autoestima;
Um ministério bem-feito traz honra a Jesus Cristo.
Em um trabalho, você dá algo para obter algo;
Em um ministério, você devolve algo que já lhe foi dado.
Um trabalho bem-feito tem remuneração temporal;
Um ministério bem-feito traz recompensas eternas.

Concluindo, convido a todos os pastores, missionários e irmãos que preguem poderosamente a Palavra de Deus. Preguem acompanhado de oração e no poder do Espírito Santo. Envolver-se com a Palavra de Deus é a porta de entrada para o avivamento. Leia, memorize, medite, guarde e pregue a Palavra. Isso é algo que podemos e devemos fazer. Então, em um momento não determinado por nós, mas por Deus, o Espírito Santo agirá produzindo avivamento.

Capítulo

7

FOME DA PALAVRA DE DEUS
Arival Dias Casimiro

> "A Bíblia, toda a Bíblia e nada mais do que a Bíblia, é a religião da igreja de Cristo."
> C. H. Spurgeon

> "Um avivamento pode produzir barulho, mas não é nisso que ele consiste. O fator essencial é a obediência de todo o coração."
> Ernest Baker

A fome é um desejo fisiológico do homem. Ela é a sensação pela qual o corpo percebe que necessita de alimento para manter-se vivo. Deus usou, pedagogicamente, a fome humana para ensinar ao seu povo a fome espiritual e que a Bíblia é alimento. Está escrito: "Ele te humilhou, e te deixou ter fome, e te sustentou com o maná, que tu não conhecias, nem teus pais o conheciam, para te dar a entender que não só de pão viverá o homem, mas de tudo o que procede da boca do Senhor viverá o homem" (Deuteronômio 8:3).

Durante a peregrinação no deserto, Israel foi alimentado com uma comida estranha: maná (*hamman*). O povo não tinha qualquer conhecimento prévio dessa comida. A lição ensinada é que o sustento material é importante na vida, mas a vida é mais que a comida. Dependemos da Palavra de Deus para viver. Moisés diz: "Porque esta palavra não é para vós outros coisa vã; antes, é a vossa vida; e, por esta mesma palavra, prolongareis os dias na terra à qual, passando o Jordão, ides para a possuir" (Deuteronômio 32:47). A palavra de Deus é a nossa vida.

Avivamento é fome da Palavra de Deus. E somente o próprio Deus é poderoso para produzir essa fome espiritual. Veja o que Ele diz:

> Eis que vêm dias, diz o SENHOR Deus, em que enviarei fome sobre a terra, não de pão, nem sede de água, mas de ouvir as palavras do SENHOR. Andarão de mar a mar e do Norte até ao Oriente; correrão por toda parte, procurando a palavra do SENHOR, e não a acharão. (Amós 8:11,12).

Trata-se de uma fome e uma sede espiritual de se ouvir a Palavra do Senhor. As pessoas se desesperarão correndo por todas as partes desejosas de ouvir a Palavra.

Os livros de Esdras, Neemias e Ester narram a história da restauração de Israel após os 70 anos do cativeiro babilônico. Deus traz o seu povo de volta em três etapas. A primeira, sob a liderança de Zorobabel (536 a.C.) para reconstruir o templo (Esdras 1—6). A segunda, sob a liderança de Esdras (455 a.C.) para restaurar espiritualmente o povo através do ensino da Lei de

Deus. Isso produziu efeito somente quatorze anos mais tarde (Neemias 8—10). A terceira, sob a liderança de Neemias para reconstruir os muros e a vida espiritual da nação (Neemias 1—13). Essa restauração espiritual foi uma ação da "boa mão de Deus" e pode ser chamada de um grande avivamento. Não há avivamento sem reforma e sem um retorno à Palavra de Deus. Deus usa a sua Palavra para produzir arrependimento, confissão de pecado e mudança de vida. Analisaremos o capítulo oito de Neemias e veremos o que acontece quando o povo tem fome da Palavra de Deus.

> Em chegando o sétimo mês, e estando os filhos de Israel nas suas cidades, todo o povo se ajuntou como um só homem, na praça, diante da Porta das Águas; e disseram a Esdras, o escriba, que trouxesse o Livro da Lei de Moisés, que o SENHOR tinha prescrito a Israel. Esdras, o sacerdote, trouxe a Lei perante a congregação, tanto de homens como de mulheres e de todos os que eram capazes de entender o que ouviam. Era o primeiro dia do sétimo mês. E leu no livro, diante da praça, que está fronteira à Porta das Águas, desde a alva até ao meio-dia, perante homens e mulheres e os que podiam entender; e todo o povo tinha os ouvidos atentos ao Livro da Lei. Esdras, o escriba, estava num púlpito de madeira, que fizeram para aquele fim; estavam em pé junto a ele, à sua direita, Matitias, Sema, Anaías, Urias, Hilquias e Maaseias; e à sua esquerda, Pedaías, Misael, Malquias, Hasum, Hasbadana, Zacarias e Mesulão. Esdras abriu o livro à vista de todo o povo, porque estava acima dele; abrindo-o ele, todo o povo se pôs em pé. Esdras bendisse ao SENHOR, o grande Deus; e todo o povo respondeu: 'Amém! Amém!' E, levantando as mãos; inclinaram-se e adoraram o SENHOR, com o rosto em

terra. E Jesua, Bani, Serebias, Jamim, Acube, Sabetai, Hodias, Maaseias, Quelita, Azarias, Jozabade, Hanã, Pelaías e os levitas ensinavam o povo na Lei; e o povo estava no seu lugar. Leram no livro, na Lei de Deus, claramente, dando explicações, de maneira que entendessem o que se lia. Neemias, que era o governador, e Esdras, sacerdote e escriba, e os levitas que ensinavam todo o povo lhe disseram: 'Este dia é consagrado ao SENHOR, vosso Deus, pelo que não pranteeis, nem choreis.' Porque todo o povo chorava, ouvindo as palavras da Lei. Disse-lhes mais: 'Ide, comei carnes gordas, tomai bebidas doces e enviai porções aos que não têm nada preparado para si; porque este dia é consagrado ao nosso Senhor; portanto, não vos entristeçais, porque a alegria do SENHOR é a vossa força. Os levitas fizeram calar todo o povo, dizendo: 'Calai-vos, porque este dia é santo; e não estejais contristados.' Então, todo o povo se foi a comer, a beber, a enviar porções e a regozijar-se grandemente, porque tinham entendido as palavras que lhes foram explicadas (Neemias 8:1-12).

Aprendemos três grandes lições nesta passagem bíblica:

A FOME DA PALAVRA DE DEUS (NEEMIAS 8:1,2)

A narrativa começa com o ajuntamento do povo em praça pública: "Em chegando o sétimo mês, e estando os filhos de Israel nas suas cidades, todo o povo se ajuntou como um só homem, na praça, diante da Porta das Águas" (Neemias 8:1). Esse ajuntamento não se deu no templo ou em outro lugar sagrado, mas na praça. Ele não foi convocado pelo governador Neemias e nem pelo sacerdote Esdras. Ele foi um mover de Deus que abriu o apetite espiritual do povo, para ouvir a santa Escritura. O povo estava com fome de

Deus e da sua palavra. Eles não estavam com fome de religião, nem com fome de bênçãos, nem com fome de prosperidade material e nem com fome de celebridades e de shows pirotécnicos. Cumpre-se ali a profecia de Amós: "Eis que vêm dias, diz o SENHOR Deus, em que enviarei fome sobre a terra, não de pão, nem sede de água, mas de ouvir as palavras do SENHOR" (Amós 8:11). Deus é quem desperta esse desejo no coração do povo. Não se trata de uma curiosidade espiritual intelectual, mas de fome espiritual. Esta é uma evidência ou uma característica de um verdadeiro avivamento espiritual.

O apóstolo Pedro escreve: "Despojando-vos, portanto, de toda maldade e dolo, de hipocrisias e invejas e de toda sorte de maledicências, desejai ardentemente, como crianças recém-nascidas, o genuíno leite espiritual, para que, por ele, vos seja dado crescimento para salvação" (1Pedro 2:1,2). A ideia principal aqui é "desejar ardentemente o genuíno leite espiritual". Esse leite é a palavra de Deus. A espiritualidade genuína, a piedade genuína, é sempre marcada por um amor e um deleite na Palavra de Deus. Pedro está ordenando a desejar o leite puro da palavra. O verbo "desejar" (*epipatheo*) é um imperativo composto, com uma preposição no seu início, para dar intensidade. Então, Pedro nos manda ter um anseio forte ou um desejo irresistível pela palavra (Salmos 42:1 e 119:174). Não é uma paixão carnal, mas um desejo que impulsiona, compele, algo que é forte e intenso. A palavra é descrita como "o genuíno leite espiritual", ou seja, não corrompido, não poluído e não adulterado como o leite que procede do seio de uma mãe.

Infelizmente sabemos que após o novo nascimento muitos crentes abandonam o leite espiritual da Palavra e passa a se alimentar de outros alimentos artificiais que não satisfazem ou alimentam espiritualmente. No avivamento, o Espírito Santo restaura a nossa fome pelo genuíno leite da Palavra.

Voltando para o texto de Neemias, quais são as características dessa fome pela palavra de Deus?

Em primeiro lugar, *uma fome coletiva*. "Todo o povo se ajuntou" (Neemias 8:1). Pessoas de todas as tribos de Israel que habitavam nas cidades existentes. Homens e mulheres de todas as idades desde que tivessem a capacidade de ouvir e entender a Palavra. Todos estavam ávidos para escutar a palavra: "E todo o povo tinha os ouvidos atentos ao Livro da Lei" (Neemias 8:3). Isso aconteceu em Bereia, na visita de Paulo e Silas: "Ora, estes de Bereia eram mais nobres que os de Tessalônica; pois receberam a palavra com toda a avidez, examinando as Escrituras todos os dias para ver se as coisas eram, de fato, assim" (Atos 17:11). O mesmo se deu na época do ministério de João Batista, quando moradores de Jerusalém, de toda a Judeia e toda a circunvizinhança saíam para ouvi-lo no deserto (Mateus 3:1-6). Não era o pregador que vinha ao povo, mas o povo que corria atrás da palavra pregada. Esse fenômeno é produzido pelo Espírito Santo, nos tempos de avivamento.

Este dia provou ser um ponto de virada. De agora em diante, os judeus passariam a ser chamados predominantemente "um povo do livro". Em todo avivamento verdadeiro Deus traz a palavra ao povo e todo povo é trazido para a palavra. Foi assim na

Reforma Protestante do século 16. Todos os reformadores defendiam: "somente as Escrituras".

Em segundo lugar, *uma fome específica e intencional*. "E disseram a Esdras, o escriba, que trouxesse o Livro da Lei de Moisés, que o Senhor tinha prescrito a Israel" (Neemias 8:1). O pedido foi específico e a intenção era ouvir a Palavra de Deus, o Livro da Lei ou os artigos fundamentais da fé, estabelecidos no êxodo, que o Senhor tinha prescrito ou ordenado a Israel. O povo reconhece e se submete à autoridade, à eternidade e à inspiração da Bíblia. Eles não querem novidades, pois a Bíblia é relevante e não precisa ser substituída e nem reescrita.

Também o povo se dirige a Esdras, um especialista no ensino da Palavra. "Ele era escriba versado na Lei de Moisés, dada pelo Senhor, Deus de Israel" (Esdras 7:6). Ele era um mestre e doutor da Escritura. Ele era um homem dedicado: "Porque Esdras tinha disposto o coração para buscar a Lei do Senhor, e para a cumprir, e para ensinar em Israel os seus estatutos e os seus juízos" (Esdras 7:10). Ele buscava, obedecia e ensinava a Lei do Senhor. Um professor que unia academicismo e piedade, teoria e prática e luz e calor.

Em terceiro lugar, *uma fome urgente*. O povo pede a Esdras para trazer a Bíblia. "Esdras, o sacerdote, trouxe a Lei perante toda a congregação" (Neemias 8:2). O povo tinha urgência em ouvir e Esdras teve pressa em trazer o Livro da Lei. O verbo "trouxe" denota um ato de pressa e rapidez no atendimento do pedido do povo. Quem tem fome, tem pressa. A fome não pode ser negada, escondida e postergada. Quem tem fome, precisa de comida. Deus nos convida: "Por que gastais o dinheiro naquilo que não é pão, e o vosso suor, naquilo que não satisfaz? Ouvi-me atentamente, comei o que é bom e vos deleitareis com finos manjares. Inclinai os ouvidos e vinde a mim; ouvi, e a vossa alma viverá" (Isaías 55:2,3).

A atitude de Esdras nos ensina uma lição: se o povo tem urgência em ouvir devemos ter pressa em pregar e ensinar a Bíblia. Richard Baxter disse com muita propriedade: "Prego como se jamais tivesse de pregar novamente, prego como um moribundo a pessoas moribundas". A pregação da Palavra é urgente, pois é uma questão de vida ou morte.

A SATISFAÇÃO DESTA FOME PELA PALAVRA DE DEUS (NEEMIAS 8:3-8)

A narrativa textual nos ensina como a fome pela palavra foi satisfeita. Vejamos:

Em primeiro lugar, *a Palavra de Deus foi lida*. "E leu no livro, diante da praça, que está fronteira à Porta das Águas, desde a alva até ao meio-dia, perante homens e mulheres e os que podiam entender; e todo o povo tinha os ouvidos atentos ao Livro da Lei" (Neemias 8:3). Esdras leu a Bíblia para o povo, na praça. Foi feita uma leitura púbica e audível da Bíblia. As cópias da lei de Moisés eram escassas, e talvez muitos dos judeus nunca a tivesse ouvido antes. Na época de Paulo continuava assim, por isso ele instrui a Timóteo a fazer a leitura pública das Escrituras: "Até à minha chegada, aplica-te à leitura, à exortação, ao ensino" (1Timóteo 4:13).

Deus escolheu nos dá a sua palavra de forma escrita. Ele poderia ter economizado o trabalho dos escritores, tradutores e dos que se dedicam ao estudo dos manuscritos bíblicos. Ele evitaria o trabalho dos pregadores comunicando verbalmente a sua palavra a cada povo em cada geração. Ele, porém, escolheu colocar a sua palavra de forma escrita. E para que alguém seja salvo é necessário ouvir a palavra pregada: "E, assim, a fé vem pela pregação, e a pregação, pela palavra de Cristo" (Romanos 10:17). Por isso João declara: "Bem-aventurados aqueles que leem e aqueles que ouvem as palavras da profecia e guardam as coisas nela escritas, pois o tempo está próximo" (Apocalipse 1:3). Feliz e abençoado é aquele que lê, ouve e obedece a Bíblia.

Voltando para o texto de Neemias, observamos que a palavra foi lida por um período grande: "Desde a alva até o meio-dia" (Neemias 8:3). O povo não tinha pressa em deixar de ouvir a Bíblia. O povo estava de pé ouvindo a leitura bíblica por mais de seis horas. Hoje, quando o sermão passa de trinta minutos, a igreja reclama. O povo estava ligado à leitura: "[...] e todo o povo tinha os ouvidos atentos ao Livro da Lei" (Neemias 8:3). Hernandes Dias Lopes comenta: "O povo permaneceu desde a alva até o meio-dia, sem sair do lugar, com os ouvidos atentos. Não havia dispersão, distração e nem enfado. Eles estavam atentos não apenas ao pregador, mas sobretudo ao livro da lei. Não havia esnobismo nem tietagem, mas fome da Palavra".[1]

Para a leitura pública da Palavra, foi confeccionado um púlpito de madeira: "Esdras, o escriba, estava num púlpito de madeira, que fizeram para aquele fim; estavam em pé junto a ele, à sua

---

[1] LOPES, Hernandes Dias. *Neemias, o líder que restaurou uma nação*. São Paulo: Hagnos, 2014, p. 137.

direita, Matitias, Sema, Anaías, Urias, Hilquias e Maaseias; e à sua esquerda, Pedaías, Misael, Malquias, Hasum, Hasbadana, Zacarias e Mesulão" (Neemias 8:4). Ao lado de Esdras estavam os levitas que serviam no templo. Eles estavam numa espécie de plataforma, acima do povo: "Esdras abriu o livro à vista de todo o povo, porque estava acima dele; abrindo-o ele, todo o povo se pôs em pé" (Neemias 8:5). Tais posturas nos ensinam respeito por quem prega e reverencia da parte de quem ouve a palavra. Parece emblemático, mas Deus e a sua santa palavra estão acima de tudo, por isso são dignos de santa reverência e santo temor.

A irreverência e a falta de temor a Deus é uma marca de nossa geração. As pessoas vão à igreja para adorar coletivamente, de forma distraída. Ouvimos a leitura e a pregação, usando ao mesmo tempo o celular e as redes sociais. Como sacerdotes de Deus, somos privilegiados a ao nos chegar a Ele, livremente, mas, jamais de maneira irreverente. Somente o avivamento pode nos restaurar espiritualmente.

Em segundo lugar, *a Palavra de Deus foi ensinada e aplicada.* Esses homens que estavam na plataforma com Esdras ensinaram e explicaram a lei ao povo. "E Jesua, Bani, Serebias, Jamim, Acube, Sabetai, Hodias, Maaseias, Quelita, Azarias, Jozabade, Hanã, Pelaías e os levitas ensinavam o povo na Lei; e o povo estava no seu lugar. Leram no livro, na Lei de Deus, claramente, dando explicações, de maneira que entendessem o que se lia" (Neemias 8:7,8).

O texto bíblico era lido por Esdras publicamente. A leitura era interrompida e os levitas ensinavam o povo dando-lhe explicações, em pequenos grupos. Um dos ministérios que os levitas haviam recebido do Senhor era o do ensino: "Ensinou os teus juízos a Jacó e a tua lei, a Israel; ofereceu incenso às tuas narinas e holocausto, sobre o teu altar" (Deuteronômio 33:10). O povo deveria buscar o ensino da parte dos sacerdotes: "Porque os lábios do sacerdote devem guardar o conhecimento, e da sua boca devem os homens procurar a instrução, porque ele é mensageiro do SENHOR dos Exércitos" (Malaquias 2:7). Experiência semelhante aconteceu na época do rei Josafá que enviou os levitas para ensinar a Lei ao povo, de cidade em cidade de Judá:

> No terceiro ano do seu reinado, enviou ele os seus príncipes Ben-Hail, Obadias, Zacarias, Natanael e Micaías, para ensinarem nas cidades de Judá; e, com eles, os levitas Semaías, Netanias, Zebadias, Asael, Semiramote, Jônatas, Adonias, Tobias e Tobe-Adonias; e, com estes levitas, os sacerdotes Elisama e Jeorão. Ensinaram em Judá, tendo consigo o Livro da Lei do SENHOR; percorriam todas as cidades de Judá e ensinavam ao povo. (2Crônicas 19:7-9)

O propósito da leitura e do ensino é para que o povo compreenda. O verbo "entender" aparece quatro vezes nesse capítulo (Neemias 8:2,3,8 e 12). No hebraico, "entender" (*bin*) significa "discernir", "compreender" e "perceber" de forma inteligente. Alguém pode ouvir e não entender (Daniel 12:8), mas Deus deseja que o seu povo entenda o que Ele pede: "Adquire a sabedoria, adquire o entendimento e não te esqueças das palavras da minha boca, nem delas te apartes. O princípio da sabedoria é: adquire a sabedoria; sim, com tudo o que possuis, adquire o entendimento" (Provérbios 4:5,7). O entendimento e o discernimento que são objetos de todo saber estão no conhecimento de Deus: "O temor do SENHOR é o princípio da sabedoria, e o conhecimento do Santo é prudência" (Provérbios 9:10).

O propósito dos levitas era que o povo entendesse o que estava sendo ensinado: "Leram no livro, na Lei de Deus, claramente, dando explicações, de maneira que entendessem o que se lia" (Neemias 8:8). O sentido e o discernimento do texto é um presente de Deus. "Que o SENHOR te conceda prudência e entendimento, para que, quando regeres sobre Israel, guardes a lei do SENHOR, teu Deus" (1Crônicas 22:12).

O apóstolo Paulo confirma que o discernimento espiritual da Palavra de Deus é uma obra do Espírito Santo (1Coríntios 2:12-16). Quando Paulo ensinou a Lídia, Deus abriu o seu entendimento para que ela pudesse compreender: "Certa mulher, chamada Lídia, da cidade de Tiatira, vendedora de púrpura, temente a Deus, nos escutava; o Senhor lhe abriu o coração para atender às coisas que Paulo dizia" (Atos 16:14). O "coração" (*kardia*) é a sede do intelecto, significando a mente e o entendimento (Mateus 13:5 e Marcos 6:52). Jesus comparou essa compreensão e aceitação da Palavra ao plantio de uma semente no solo, em que ela cria raízes e dá frutos (Mateus 13:18-23).

Todo ensino e pregação da Palavra termina com aplicação prática. Todo sermão deve terminar com uma pergunta: o que isso tem a ver com a minha vida? Ou o que devo fazer com aquilo que ouvi e aprendi? Quando Pedro terminou o seu sermão em Pentecostes, os seus ouvintes fizeram uma pergunta: "Ouvindo eles estas coisas, compungiu-se lhes o coração e perguntaram a

Pedro e aos demais apóstolos: 'Que faremos, irmãos?'" (Atos 2:37). A pregação alcançou o ouvinte em seu entendimento (ouvindo), em suas emoções (compungiu-se lhes o coração) e em sua vontade (que faremos?). A resposta de Pedro foi bastante aplicativa: "Arrependei-vos, e cada um de vós seja batizado em nome de Jesus Cristo para remissão dos vossos pecados, e recebereis o dom do Espírito Santo" (Atos 2:38). Conversão, perdão de pecado ou salvação, batismo e selo do Espírito Santo.

Todo ensino deve gerar mudanças em quem é ensinado. Quando expormos as Escrituras, devemos ter uma regra básica: será que aqueles que me ouvem estão tirando proveito do ensino que apresento? Se eu não procuro a edificação dos que me ouvem estou completamente equivocado. O ensino da Palavra não é para mostrar o conhecimento do professor, mas transformar a vida daquele que aprende.

OS RESULTADOS DESTA SATISFAÇÃO (NEEMIAS 8:9-12)

A última parte dessa narrativa mostra os resultados práticos do ensino da Palavra de Deus sobre o povo de Israel. Vejamos:

Em primeiro lugar, *o arrependimento de pecados*. O povo chorou quando ouviu e entendeu a Palavra de Deus. "Neemias, que era o governador, e Esdras, sacerdote e escriba, e os levitas que ensinavam todo o povo lhe disseram: 'Este dia é consagrado ao Senhor, vosso Deus, pelo que não pranteeis, nem choreis.' Porque todo o povo chorava, ouvindo as palavras da Lei" (Neemias 8:9). Eles choraram porque ouviram a Palavra. É pela lei que vem o pleno conhecimento do pecado. Eles choraram porque reconheceram que violaram os mandamentos de Deus e ofenderam a sua santidade. Matthew Henry comenta: "Eles choraram quando perceberam como tinham ofendido a Deus pelas muitas violações da lei. Quando alguns choraram, todos choraram, porque todos perceberam que eram culpados diante de Deus". [2]

A Bíblia é como um espelho que revela os nossos pecados e as nossas impurezas. O arrependimento começa na mudança da opinião acerca do pecado, passa pela tristeza e o choro compulsivo e termina com a mudança do comportamento. Foi o que aconteceu com o rei Josias quando ouviu as palavras do Livro da Lei: "Porquanto o teu coração se enterneceu, e te humilhaste perante o SENHOR, quando ouviste o que falei contra este lugar e contra os seus moradores, que seriam para assolação e para maldição, e rasgaste as tuas vestes, e choraste perante mim, também eu te ouvi, diz o SENHOR" (2Reis 22:19). Não há arrependimento verdadeiro sem tristeza pelo pecado.

Sabemos que esse verdadeiro arrependimento é obra de Deus, por meio da sua Palavra. "Porque a tristeza segundo Deus produz arrependimento para a salvação, que a ninguém traz pesar; mas a tristeza do mundo produz morte" (2Coríntios 7:10). O "arrependimento" (*metanoia*) é uma mudança de mente que faz a pessoa girar em direção a Deus. Ela é uma tristeza piedosa promovida por Deus, levando a pessoa do pecado para a

---

[2] HENRY, Matthew. *Comentário bíblico do Antigo Testamento* – Josué a Ester. Rio de Janeiro: Casa Publicadora das Assembleias de Deus, 2010, p. 825.

santificação. Thomas Brooks diz: "A tristeza espiritual é um dom de Deus. Não há mão, a não ser a divina, que possa tornar o coração leve e sensível diante da visão e da convicção do pecado".[3] Todo avivamento começa pela Palavra e produz arrependimento de pecado. A doutrina do arrependimento é o cerne de todo avivamento.

Em segundo lugar, *a alegria do Senhor*. O segundo resultado prático do ensino da Palavra é a alegria. "Porque este dia é consagrado ao nosso Senhor; portanto, não vos entristeçais, porque a alegria do SENHOR é a vossa força" (Neemias 8:10). Destaque para a expressão "a alegria do SENHOR". É a alegria da pessoa de Deus e que dele procede. É a alegria de saber que Deus perdoou todos os nossos pecados e que somos o seu povo eleito e exclusivo. Ela não é uma alegria do temperamento interno e das circunstâncias externas, mas do verdadeiro arrependimento. É a alegria pura que não está em conflito com a santidade, pois por três vezes os líderes exortam o povo a não chorar, porque "este dia é santo para o nosso SENHOR" (Neemias 8:9,10,11). É a alegria fruto do Espírito Santo. É a alegria dos preceitos do Senhor que alegram o coração. A "alegria do SENHOR" é o próprio Senhor. O salmista declara: "A quem tenho eu no céu senão a ti? E na terra não há quem eu deseje além de ti" (Salmos 73:25). Quem tem o Senhor como sua herança é feliz aqui na terra e, também, no céu, eternamente. O Senhor é a nossa grande alegria (Salmos

---

[3] https://afontedevida.blogspot.com/contrição.

43:4). Alegria abundante, exultante, indizível, plena de glória e constante.

A alegria do Senhor é uma grande força para o crente. Deus a concede para aqueles que enfrentam perseguições (Mateus 5:11.12), calamidades (Habacuque 3:17-18), aflições (1Pedro 1:6) e privações (2Coríntios 6:10). O povo de Israel precisava dessa alegria para todo o trabalho de restauração em que estava envolvido.

Em terceiro lugar, *a generosidade para com o próximo*. Esdras e Neemias lembraram ao povo de enviar porções da parte dos sacrifícios que podiam comer aos que não tinham nada (Neemias 8:10). A Palavra de Deus deve produzir compaixão em nosso coração pelos necessitados. O avivamento restaurou o amor entre o povo de Israel levando-o à prática da generosidade: "Então, todo o povo se foi a comer, a beber, a enviar porções e a regozijar-se grandemente, porque tinham entendido as palavras que lhes foram explicadas" (Neemias 8:12). Comeram, beberam e compartilharam com grande alegria!

A descida do Espírito Santo no Pentecostes não trouxe somente o poder para pregar, para produzir arrependimento e conversões, mas poder para amar e compartilhar as necessidades uns dos outros: "Todos os que creram estavam juntos e tinham tudo em comum. Vendiam as suas propriedades e bens, distribuindo o produto entre todos, à medida que alguém tinha necessidade" (Atos 2:44,45). Compartilhar com generosidade é uma evidência da presença do Espírito Santo, principalmente nos avivamentos produzidos por Deus. "Da multidão dos que creram era um o coração e a alma. Ninguém considerava exclusivamente sua nem uma das coisas que possuía; tudo, porém, lhes era comum" (Atos

4:32). Quanto mais cheios do Espírito Santo estivermos, mais generosos seremos com os nossos irmãos.

Em quarto lugar, *a obediência à Palavra de Deus*. O entendimento da Palavra levou o povo à obediência. Em Neemias 8:13-18, os líderes e o povo resolveram praticar o que a Bíblia mandava. Eles celebraram a Festa dos Tabernáculos, que comemorava tanto a colheita quanto os livramentos que Deus havia concedido a Israel durante a peregrinação no deserto. Os israelitas não celebravam essa festa desde a época de Josué (Neemias 8:17).

O conhecimento da Palavra são os olhos que dirigem os pés da obediência. A evidência do conhecimento de Deus é a obediência a Ele. Não uma obediência cega ou legalista, mas exultante. Oswald Chambers diz: "O melhor critério para medir uma vida espiritual não são seus êxtases, mas sua obediência. A regra áurea para entender as coisas espirituais não é inteligência, mas, sim, obediência".[4]

Em quinto lugar, *adoração a Deus*. A adoração a Deus já começou quando a Bíblia foi aberta para ser lida:

> Esdras abriu o livro à vista de todo o povo, porque estava acima dele; abrindo-o ele, todo o povo se pôs em pé. Esdras bendisse ao SENHOR, o grande Deus; e todo o povo respondeu: 'Amém! Amém!' E, levantando as mãos; inclinaram-se e adoraram o SENHOR, com o rosto em terra. (Neemias 8.5,6)

---

[4] Disponível em: https://afontedevida.blogspot.com/obediencia.

O povo não adorou a Bíblia, mas o Deus que lhe fala através da Bíblia. Colocar-se de pé é reverência à Palavra e ao Deus da Palavra. Eles adoraram o Senhor conforme revelado na Lei. Não devemos adorar a Deus conforme desejamos. A Bíblia nos revela Deus e a maneira correta como Ele quer ser adorado.

Depois o povo continuou adorando a Deus, uma semana inteira, nas Festa dos Tabernáculos. Cada dia da semana a Lei era lida, culminando em uma assembleia solene no último dia. "Dia após dia, leu Esdras no Livro da Lei de Deus, desde o primeiro dia até ao último; e celebraram a festa por sete dias; no oitavo dia, houve uma assembleia solene, segundo o prescrito" (Neemias 8:18). Todo dia eles refletiam sobre as bênçãos de Deus e o adoravam.

A leitura, o estudo e a pregação da Palavra de Deus devem produzir em todos nós um coração de adoração. Ao refletirmos na Palavra, sobre quem Ele é e tudo aquilo que Ele tem feito por nós, devemos adorá-lo com alegria.

Concluo afirmando que o que aconteceu com Israel, na época de Esdras e Neemias, foi um grande avivamento e reforma espiritual. Aquele avivamento foi produzido por Deus, mediante a sua Palavra. Deus enviou sobre Israel uma grande fome pela sua Palavra.

Capítulo

8

ORANDO POR AVIVAMENTO
Arival Dias Casimiro

"Nunca devemos esquecer que o Deus Todo-poderoso governa este mundo. Ele não é um Deus ausente. Ele governa o mundo, assim como governa a igreja pela oração. Nada é mais importante para Deus do que a oração ao lidar com a humanidade."
Edward M. Bounds

"Se o avivamento nesta terra dependesse de suas orações, sua fé, sua obediência, nós algum dia experimentaríamos um avivamento?"
Del Fehsenfeld Jr.

A oração é a chama que acende o fogo do avivamento. Todo avivamento teve início com um culto ou um movimento de oração motivado pelo Espírito Santo. Alguns, por iniciativa de uma pessoa, ou de um pequeno grupo de oração. Mas, infelizmente, alguns questionam isso na igreja hoje. Devemos orar a Deus pedindo avivamento e reforma espiritual? Há base bíblica para promovermos reuniões de oração ou campanhas de oração e jejum pelo avivamento? É correto biblicamente realizarmos campanhas e conferências de avivamento? A resposta é sim. O fato de não existir nenhum versículo do Novo Testamento que oriente campanhas de oração e jejum por tempo limitado não nos impede de fazer isso hoje. A prática do jejum e da oração é recomenda a todos os crentes. Podemos construir, a partir da Bíblia, toda uma teologia sobre o ensino e a prática da oração. Vejamos alguns pontos principais.

Primeiro, *a oração é uma evidência de fé e conversão*. Quem é crente ora mesmo sem convocação ou campanha. A vida do cristão é a sua vida de oração. Ela é o oxigênio da vida espiritual. Quem nasce de novo, nasce do Espírito. Quem nasceu de novo foi selado com o Espírito de oração. "Temos o Pai para quem oramos e que ouve a nossa oração. Temos o Filho através de quem oramos e através de quem recebemos a resposta e dela nos apropriamos por causa de nossa união com Ele. E temos o Espírito Santo por meio de quem oramos, que ora em nós, de acordo com a vontade de Deus, com sons tão profundos, inexprimíveis, que somente Deus, que examina o nosso coração, pode conhecer a mente do Espírito".[1] Não sabemos orar como convém, mas é Ele, que segundo Deus, intercede por nós (Romanos 8:26,27). Se você é crente e tem o Espírito Santo, você ora.

Segundo, *fomos escolhidos por Deus para salvação e para a oração*. Todo salvo foi escolhido por Deus para uma vida de oração. "Não fará Deus justiça aos seus escolhidos, que a ele clamam

---

[1] MURRAY, Andrew. *O Espírito de Cristo*. Curitiba/PR, Publicações Pão Diário e São Paulo/SP, Editora dos Clássicos, 2013, p.183,184.

dia e noite, embora pareça demorado em defendê-los?" (Lucas 18:7). A palavra "escolhidos" (*eklektos*) significa "eleitos", "selecionados exclusivamente" e "distintos" por Deus, para clamar a Ele dia e noite. Quando oramos estamos cumprindo o propósito de Deus. A nossa vida espiritual é nutrida pela oração e pela meditação bíblica. Por isso, devemos orar em todo tempo, incessantemente e sem esmorecer. Todo cristão verdadeiro é um escolhido de Deus para a salvação. E todo salvo foi escolhido por Deus para uma vida de oração. Orar é um privilégio dos eleitos.

Terceiro, *a oração é um mandamento de Deus para os seus filhos*. "Pedi, e dar-se-vos-á; buscai e achareis; batei, e abrir-se-vos-á. Pois todo o que pede recebe; o que busca, encontra; e, a quem bate, abrir-se-lhe-á" (Mateus 7:7,8). Há uma tríplice ordem que revela uma escala de intensidade. Pedir implica humildade e reconhecimento de necessidade. Buscar é pedir de forma fervorosa e empenhada para obter a satisfação de suas necessidades. Bater é perseverar até que a porta se abra. Quando esse mandamento é obedecido, o resultado já está garantido. Orar não é uma opção, mas um mandamento: "Orai sem cessar" (1Tessalonicenses 5:17).

Quarto, *falta de oração é pecado. Não orar é o mais grave pecado do crente e da igreja hoje*. Nenhum mandamento de Deus é mais solene, exigente e inspirador do que o "dever de orar sempre e nunca esmorecer" (Lucas 18:1). Como é difícil para o crente ou a igreja entender que a sua impotência, apatia e fracasso decorrem da falta de oração. Não existe pecado mais fácil de ser praticado do que deixar de orar. É um pecado contra Deus e contra o próximo. O profeta Samuel diz: "Quanto a mim, longe de mim que eu peque contra o SENHOR, deixando de orar por vós; antes, vos ensinarei o caminho bom e direito" (1Samuel 12:23). É possível pecar não apenas fazendo o que é errado, mas deixando de fazer o que é certo. "Portanto, aquele que sabe que deve fazer o bem e não o faz nisso está pecando" (Tiago 4:17). Wesley Duewel diz que a falta de oração é um pecado de negligência e de desobediência. É um pecado contra a sua própria vida espiritual e contra Deus. Ele diz: "Como Deus fica decepcionado com a vida espiritual do pastor e do povo quando eles são fracos na oração que prevalece e na oração da fé. Deus nos deu os melhores meios de trazer as suas bênçãos e do seu poder ser derramado sobre a nossa vida e o nosso trabalho". [2] A omissão da oração traz consequências sérias para o crente. Necessidades não são supridas, boas obras não são realizadas, direção não é fornecida, vidas não são transformadas, poder divino não é derramado. Se orássemos mais, cresceríamos em maturidade, tentações seriam vencidas, vícios seriam superados, a carne seria mortificada e milagres aconteceriam. A oração molda o caráter do crente, santifica a igreja e faz a obra missionária prosperar.

Quinto, *a Bíblia registra exemplos de jejum e oração coletivos*. Eles revelam fome de Deus e urgência da intervenção divina para as nossas calamidades. O rei Josafá proclamou uma campanha de oração e jejum coletivo em Judá, quando foi ameaçado pelos seus inimigos. "Então, Josafá teve medo e se pôs a buscar ao SENHOR; e apregoou jejum em todo o Judá. Judá se congregou para

---

[2] DUEWEL, Wesley. *Oração de poder segundo o coração de Deus*. São Paulo: Hagnos, 2019, p.33.

pedir socorro ao Senhor; também de todas as cidades de Judá veio gente para buscar ao Senhor" (2Crônicas 20:3,4). Deus respondeu com um grande livramento. Esdras, quando retornou do cativeiro Babilônico para Jerusalém, teria que fazer uma viagem muito perigosa. Então ele proclama uma campanha de oração e jejum: "Então, apregoei ali um jejum junto ao rio Aava, para nos humilharmos perante o nosso Deus, para lhe pedirmos jornada feliz para nós, para nossos filhos e para tudo o que era nosso" (Esdras 8:21). O motivo da campanha era para pedir a proteção de Deus. O resultado: "Nós, pois, jejuamos e pedimos isto ao nosso Deus, e ele nos atendeu (Esdras 8:23). Ester, quando soube do decreto do rei que promulgou a extinção do povo de Israel, proclamou uma campanha de jejum específica: "Então, disse Ester que respondessem a Mordecai: 'Vai, ajunta a todos os judeus que se acharem em Susã, e jejuai por mim, e não comais, nem bebais por três dias, nem de noite nem de dia; eu e as minhas servas também jejuaremos. Depois, irei ter com o rei, ainda que é contra a lei; se perecer, pereci'. Então, se foi Mordecai e tudo fez segundo Ester lhe havia ordenado" (Ester 4:15-17). O povo jejuou e orou e Deus enviou o livramento. Por fim, Deus proclamou através do profeta Joel uma grande campanha de oração e jejum para um avivamento em Israel:

> Tocai a trombeta em Sião, promulgai um santo jejum, proclamai uma assembleia solene. Congregai o povo, santificai a congregação, ajuntai os anciãos, reuni os filhinhos e os que mamam; saia o noivo da sua recâmara, e a noiva, do seu aposento. Chorem os sacerdotes, ministros do Senhor, entre o

pórtico e o altar, e orem: Poupa o teu povo, ó Senhor, e não entregues a tua herança ao opróbrio, para que as nações façam escárnio dele. Por que hão de dizer entre os povos: "Onde está o seu Deus?". (Joel 2:15-17)

E Deus ouviu a oração do seu povo e se compadeceu dele.

No Novo Testamento temos vários registros da prática de oração e jejum por causas específicas. A vinda do Messias era aguardada com jejum e oração (Lucas 2:36-38). Jesus orou e jejuou durante o seu ministério (Lucas 3:21,22; Mateus 4:1,2). Ele não acabou com a prática da oração acompanhada de jejum, mas orientou a maneira certa de fazê-los (Mateus 4:5-8, 16-18). Ele disse que após a sua partida a igreja teria a necessidade de orar e jejuar:

> Vieram, depois, os discípulos de João e lhe perguntaram: "Por que jejuamos nós, e os fariseus [muitas vezes], e teus discípulos não jejuam?" Respondeu-lhes Jesus: "Podem, acaso, estar tristes os convidados para o casamento, enquanto o noivo está com eles? Dias virão, contudo, em que lhes será tirado o noivo, e nesses dias hão de jejuar." (Mateus 9:14,15)

Esses dias vieram, e a igreja praticou o jejum e a oração. Eles são necessários para a batalha espiritual da igreja contra as trevas (Marcos 9:28,29); para ter a direção do Espírito Santo na obra missionária (Atos 13:1-3); para escolher e eleger os líderes na igreja local (Atos 14:23); e como uma prática individual e coletiva na vida da igreja, para realização do seu ministério (2Coríntios 6:5 e 11:27).

UMA ORAÇÃO POR AVIVAMENTO

Uma das orações mais conhecidas sobre o avivamento é feita pelo profeta Habacuque. Foi uma oração feita em forma de cântico. Ele orou em forma de poesia e clamou a Deus que avivasse o seu povo. Essa oração se torna um padrão e um modelo para orarmos por avivamento: "[...] Tenho ouvido, ó Senhor, as tuas declarações, e me sinto alarmado; aviva a tua obra, ó Senhor, no decorrer dos anos, e, no decurso dos anos, faze-a conhecida; na tua ira, lembra-te da misericórdia" (Habacuque 3:1,2). Destacamos, aqui, três pontos importantes:

Em primeiro lugar, *a razão para orar pedindo avivamento*. "Tenho ouvido, ó Senhor, as tuas declarações, e me sinto alarmado". Quando o profeta considerou o que tinha ouvido sobre Deus e suas ações no passado; quando ele reflete sobre o que Deus o havia revelado e o que iria fazer com os caldeus, ele fica alarmado. A palavra "alarmado" (*yare*) significa "temeroso", "assustado" e "terrivelmente amedrontado". Uma espécie de temor ou medo intenso. No contexto aqui, isso seria uma combinação de sentimentos de pavor, veneração e admiração.

O profeta ora por avivamento motivado por aquilo que ouviu de Deus.

> Pôr-me-ei na minha torre de vigia, colocar-me-ei sobre a fortaleza e vigiarei para ver o que Deus me dirá e que resposta eu terei da minha queixa. O Senhor me respondeu e disse: "Escreve a visão, grava-a sobre tábuas, para que a possa ler até quem passa correndo. Porque a visão ainda está para se cumprir no tempo determinado, mas se apressa para o fim e

não falhará; se tarda, espera-o, porque certamente, virá, não tardará." Eis o soberbo! Sua alma não é reta nele; mas o justo viverá por sua fé (Habacuque 2:1-4).

Deus responde os questionamentos de Habacuque com uma mensagem legível, clara e precisa. Essa mensagem tem uma aplicação para o contexto do profeta, mas se estende para o povo de Deus em todas as épocas. A primeira parte da mensagem: "Eis o soberbo! Sua alma não é reta nele". Tradução: "Aquele, cuja alma não é reta nele, fracassará". Refere-se aos caldeus e a toda pessoa arrogante que confia em si mesma e despreza a Deus. Em contraste com o ímpio, o justo vive pela sua fé em Deus, conforme a segunda parte do verículo: "mas o justo viverá por sua fé". Isso significa que é pela fé que o pecador obtém de Deus perdão e justificação (Romanos 1:17; Gálatas 3:11). Mas também o sentido da palavra "fé" (*emunnah*) significa "ser fiel". A Septuaginta traduziu *emunah* por *pisti,* com o sentido de "fidelidade" ou "fiel" (1Coríntios 4:1). Fé, então, indica firmeza, imobilidade, imperturbabilidade, constância e fidelidade, em meio às provações e tribulações. Resumindo: Deus não tem prazer no ímpio, mas no justo, quando ele vive pela fé (Hebreus 10:37,38).

Essa mensagem de Deus para Habacuque se torna o padrão para avaliarmos quando a igreja necessita de avivamento. Trata-se de uma avaliação bíblica e não de uma opinião humana. O avivamento é necessário porque o pecado é excessivo, a religião é formal e decadente e o julgamento de Deus é iminente. Todas as vezes que o povo de Deus deixa de viver pela fé, ele precisa de avivamento.

Warren W. Wiersbe comenta:

Viver pela fé significa crer na Palavra de Deus e lhe obedecer, independente de como nos sentimos, do que vemos ou de quais possam ser as consequências. Esse fato é ilustrado em Hebreus 11, o famoso capítulo da Bíblia sobre os heróis da fé. Os homens e mulheres citados nesse capítulo são pessoas comuns que realizaram feitos extraordinários porque confiaram em Deus e fizeram o que ele lhes ordenou. Alguém disse bem que ter fé não é crer apesar das evidências, mas sim obedecer apesar das consequências, descansando na fidelidade de Deus. [3]

A fé é um modo de vida diretamente oposto à soberba e à dependência de nós mesmos ou dos nossos recursos.

A igreja hoje está tomada pela soberba. Achamos que podemos realizar a obra espiritual sem o poder de Deus. Os discípulos tentaram expulsar o demônio de uma criança, mas não puderam. E eles perguntam a Jesus, em particular: "Por que não podemos nós expulsá-lo? Respondeu-lhes: 'Esta casta não pode sair senão por meio de oração e jejum" (Marcos 9.28,29). D. M. Lloyd-Jones falando sobre a urgente necessidade do avivamento para a igreja hoje, a partir desse texto, diz:

> Precisamos nos perguntar como podemos ser bem-sucedidos se não temos essa autoridade, essa comissão, essa força e poder. Precisamos nos convencer de forma absoluta da

---

[3] WIERSBE, Warren W. *Comentário Bíblico Expositivo Antigo Testamento – Volume IV – Profético*. Santo André/SP: Geográfica Editora, 2006, p. 515.

nossa necessidade. Precisamos parar de ter tanta confiança em nós mesmos, e em todos os nossos métodos e organizações, em toda a nossa sofisticação. Precisamos compreender que necessitamos ser cheios do Espírito de Deus. E precisamos estar igualmente convencidos de que Deus pode nos encher do Seu Espírito. Precisamos compreender que, não importa quão poderosa "essa casta" seja, o poder de Deus é infinitamente maior, e que o que precisamos não é mais conhecimento, mais compreensão, mais apologética, mais reconciliação entre filosofia, ciência, e todas as técnicas modernas — não, precisamos de um poder que pode entrar nas almas dos homens para quebrantá-las, esmagá-las, humilhá-las e então restaurá-las. Precisamos do poder do Deus vivo. E devemos estar confiantes de que Deus é tão poderoso hoje como era cem anos atrás, ou duzentos anos atrás, e assim devemos começar a buscar esse poder e a orar por ele. Devemos começar a clamar e a ansiar por ele. "Esta casta" precisa de oração. [4]

Precisamos de um avivamento que nos quebrante e nos humilhe. Quebrantamento é o rompimento da nossa vontade pessoal e total rendição à vontade de Deus. É abrir mão na confiança própria e da independência de Deus. Ser quebrantado é o início e o propósito do avivamento. Trata-se de algo doloroso, mas é o único caminho. "Porque assim diz o Alto, o Sublime, que habita a eternidade, o qual tem o nome de Santo: 'Habito no alto e santo lugar, mas habito também com o contrito e abatido de espírito,

---

[4] LLOYD-JONES, D. M. *Avivamento*. São Paulo/SP: Publicações Evangélicas Selecionadas, 1993, p.23.

para vivificar o espírito dos abatidos e vivificar o coração dos contritos'" (Isaías 57:15). O nosso Deus conhece o soberbo de longe. "O Senhor é excelso, contudo, atenta para os humildes; os soberbos ele os conhece de longe" (Salmos 138:6).

Faça você mesmo um *check-up* espiritual do seu coração:

- O soberbo é aquele que não conhece a verdadeira condição espiritual do seu coração. Ele acha que não precisa de arrependimento e avivamento espiritual. Ele se acha santo, mas é pecador; ele se acha rico, mas é pobre; e ele se acha forte, mas é fraco. A soberba o engana e o faz enfatuado.
- O soberbo tem um espírito independente e se acha autossuficiente. Tem um conceito elevado de si mesmo e menospreza os outros. Ele se acha sábio aos seus próprios olhos. Ele acha que pode realizar a obra de Deus sem o poder do Espírito Santo.
- O soberbo quer provar sempre que é o dono da verdade e deseja sempre ter a última palavra sobre todos os assuntos. Ele pensa que tem resposta para todas as perguntas e se considera um doutor em teologia.
- O soberbo tem um espírito crítico e olha com prazer os erros dos outros. Enxerga o pecado dos outros com um telescópio, mas as suas falhas com um microscópio. Gosta de mencionar as falhas dos outros.
- O soberbo exige sempre os seus direitos e privilégios e quer sempre ser servido. Ele acha que o mundo e os outros

existem para atender as suas necessidades. Ele não mede esforços e não respeita ninguém para conseguir os seus objetivos de poder e ocupar os primeiros lugares.

- O soberbo busca sempre se autopromover. Ele deseja intensamente ser reconhecido e apreciado por aquilo que ele sabe e realiza. Ele fica muito triste quando outros são promovidos em vez dele.
- O soberbo se preocupa com a opinião das pessoas acerca dele. Ele fica feliz com os elogios e se deixa abater pelas críticas.
- O soberbo tem muita dificuldade em aceitar os seus erros e de pedir perdão aos outros. Ele não aceita ser confrontado, corrigido e disciplinado por causa dos seus pecados.

O profeta Habacuque revela que quando a soberba prevalece, precisamos de um avivamento. "Aviva a tua obra" é o clamor pela visitação de Deus produzindo quebrantamento espiritual. É o experimentar da verdade eterna: "o justo viverá pela fé". É o retorno da total dependência de Deus, da sua Palavra e do seu poder. É a alegria divina de viver os tempos difíceis com confiança e contentamento em Deus: "Ainda que a figueira não floresça, nem haja fruto na vide; o produto da oliveira minta, e os campos não produzem mantimento; as ovelhas sejam arrebatadas do aprisco e nos currais não haja gado, todavia, eu me alegro no Senhor, exulto no Deus da minha salvação. O Senhor Deus é a minha fortaleza, e faz os meus pés como os da corça, e me faz andar altaneiramente" (Habacuque 3:17-19). Isso é viver pela fé.

Em segundo lugar, *o tempo do avivamento: hoje e agora*. "No meio dos anos [...]" (KJV) nos fala do tempo do avivamento. Sem dúvida o profeta pede: "Aviva agora Senhor, pois precisamos urgentemente da tua intervenção". Aviva-nos agora, pois o Senhor tem feito isso na história. Ele diz: " [...] no decorrer dos anos, e, no decurso dos anos, faze-a [a obra do Senhor] conhecida". Aqui aprendemos que devemos orar por avivamento motivados por aquilo que Deus fez e pode fazer.

Wesley L. Duewel escreve um livro que relata o avivamento de Deus através da história e sua aplicação para hoje. Ele resume:

> Faz parte da natureza de Deus abençoar. Ele nos criou para sermos abençoados. O derramar do Espírito de Deus sobre uma pessoa, grupo ou determinada área é uma das maiores formas pelas quais Deus nos abençoa. De tempos em tempos, Deus derramou seu Espírito abundantemente nos dias do Antigo Testamento e mais ainda nos tempos do Novo Testamento. Ao longo da história de sua igreja, Deus continua a fazer exatamente isso em todas as partes do mundo. [5]

A oração é um clamor por avivamento hoje. Deus olha para a história como algo linear e não cíclico. A história está sobre o controle de Deus e move-se em direção a um ponto culminante. Deus pode intervir hoje com um derramar do Espírito Santo sobre a sua igreja. "No meio dos anos" ou "nesses últimos dias", faze a tua obra conhecida. "Faze-a conhecida" ou "notifica" significa:

---

[5] DUEWEL, Wesley L. *Fogo do avivamento:* o avivamento de Deus através da história e sua aplicação para hoje. São Paulo, Hagnos, 2015, p. 13.

"Faze a ti mesmo conhecido". Avivamento é a revelação ou a notificação de quem Deus é. No avivamento, Deus desce até nós, em poder e graça.

Em terceiro lugar, *a esperança pelo avivamento: a misericórdia de Deus*. "Na tua ira, lembra-te da misericórdia". Na ira, Deus está punindo os caldeus e disciplinando o seu próprio povo. Habacuque, porém, ora para que Deus revele a sua misericórdia e mostre outra faceta do seu caráter. Deus é santo, por isso Ele abomina e pune o pecado. Deus também é misericordioso e ama o seu povo apesar dos seus pecados.

> Quem, ó Deus, é semelhante a ti, que perdoas a iniquidade e te esqueces da transgressão do restante da tua herança? O Senhor não retém a sua ira para sempre, porque tem prazer na misericórdia. Tornará a ter compaixão de nós; pisará aos pés as nossas iniquidades e lançará todos os nossos pecados nas profundezas do mar. Mostrarás a Jacó a fidelidade e a Abraão, a misericórdia, as quais juraste aos nossos pais, desde os dias antigos (Miqueias 7:18-20).

A misericórdia de Deus é a esperança do seu povo que precisa de avivamento. Ela é a base da nossa esperança: "Espere Israel no SENHOR, pois no SENHOR há misericórdia; nele há copiosa redenção. É ele quem redime a Israel de todas as suas iniquidades" (Salmos 130:7,8). Nós devemos confiar na misericórdia do Senhor para todo sempre. Ela é um atributo comunicável de Deus à igreja. A misericórdia de Deus é descrita na Bíblia como grande, rica, abrangente, abundante, fiel, eterna, nova a cada manhã, compassiva e presente em todas as suas obras. Ela é manifestada ao seu povo, aos que o temem, aos afastados que retornam, aos aflitos, aos órfãos, a quem Ele quer e aos pecadores arrependidos. Portanto, devemos buscar a misericórdia de Deus para nós mesmos e para os outros. "Lembra-te, Senhor, das tuas misericórdias e das tuas bondades, que são desde a eternidade. Não te lembres dos meus pecados da mocidade, nem das minhas transgressões. Lembra-te de mim, segundo a tua misericórdia, por causa da tua bondade, ó Senhor " (Salmos 25:6,7).

Concluindo, vamos orar por avivamento. O modo do avivamento vir é pela oração. Isso é a vontade de Deus. Eu não vejo esperança até que todos os membros da igreja estejam orando por avivamento. Vamos orar sozinhos, em casa, em pequenos grupos e nas reuniões da igreja. Vamos orar todos por avivamento. Vamos orar até que Deus desça sobre nós. Vamos orar até que do alto sejamos revestidos de poder. Não devemos dar descanso a Deus até que Ele restabeleça a igreja e a ponha por objeto de louvor na terra.

Capítulo

9

CONFISSÃO E PERDÃO DE PECADOS

Arival Dias Casimiro

"Jamais houve avivamento espiritual que não começasse com um profundo senso de pecado. Nunca estamos preparados para o avanço até que vejamos a necessidade de dos livrar daquilo que o tem impedido e que, aos olhos de Deus, é pecado."
W. Graham Scroggie

"Quando os homens começam a se queixar mais de seus pecados do que de suas aflições, começa a surgir alguma esperança para eles."
Matthew Henry

Quando Deus envia ou promove um avivamento ele quer tratar do pecado que existe na vida do seu povo. Não adianta, então, orarmos pedindo avivamento se não estivermos dispostos a reconhecer, confessar e abandonar os nossos pecados. Precisamos aceitar e praticar a proposta de Deus: "Se o meu povo, que se chama pelo meu nome, se humilhar, e orar, e me buscar, e se converter dos seus maus caminhos, então, eu ouvirei dos céus, perdoarei os seus pecados e sararei a sua terra" (2Crônicas 7:14).

O Salmo 86, escrito pelos filhos de Corá, é um texto clássico sobre o ensino bíblico do avivamento. O seu conteúdo é um pedido coletivo por avivamento espiritual. Ele fala da possibilidade, da fonte, do meio, do empecilho e dos resultados do avivamento. O seu verso-chave é um pedido de perdão a Deus, feita pelo seu povo que se achava abatido por causa dos seus pecados. O salmista clama: "Porventura, não tornará a vivificar-nos, para que em ti se regozije o seu povo?" (Salmos 86:6). O salmista clama desesperado: "Deus, dá-nos vida novamente, para que possamos nos regozijar em ti". Precisamos urgentemente que o Senhor nos avive ou nos faça reviver! Ele é capaz de fazer isso porque já o fez no passado: "favoreceste", "restauraste", "perdoaste", "encobriste", "reprimiste" e "desviaste" (Salmos 86:1-3). O salmista pede urgentemente: remove o obstáculo ou perdoa o nosso pecado; retira de sobre nós a tua ira e restabelece a nossa comunhão contigo. Sê novamente a nossa alegria e o nosso prazer.

O profeta Zacarias descreve o avivamento como um quebrantamento espiritual. "E sobre a casa de Davi e sobre os habitantes de Jerusalém derramarei o espírito da graça e de súplicas; olharão para aquele a quem traspassaram; pranteá-lo-ão como quem pranteia por um unigênito e chorarão por ele como se chora amargamente pelo primogênito" (Zacarias 12:10). Destacamos, aqui, alguns pontos:

Primeiro, *o avivamento é uma operação divina sobre o seu povo*. Toda as três pessoas da Trindade estão envolvidas. Deus Pai diz: "Derramarei sobre a casa de Davi e sobre os habitantes de Jerusalém o espírito", e esse Espírito, quando derramado, leva os homens a olhar para aquele a quem traspassaram, Jesus, o Filho de Deus encarnado.

Segundo, *o avivamento trata-se do Espírito Santo produzindo graça e súplicas no coração do povo*. A graça destrói o orgulho e a justiça própria. As súplicas são as orações acompanhadas de choros e prantos de quebrantamento. O Espírito Santo derrete os corações gelados e inflexíveis pelo pecado, produzindo uma espécie de luto pela iniquidade.

Terceiro, *o avivamento é uma tristeza pelo pecado que acontece quando olhamos para Jesus Cristo crucificado*: "[...] olharão para aquele a quem traspassaram; pranteá-lo-ão como quem pranteia por um unigênito e chorarão por ele como se chora amargamente pelo primogênito". Foi Jesus quem levou sobre si os nossos pecados e foi traspassado e moído pelas nossas transgressões e iniquidades. É uma tristeza imediata, coletiva, profunda e amarga. É a tristeza segundo Deus que produz o verdadeiro arrependimento. E o profeta conclui: "Naquele dia, haverá uma fonte aberta para a casa de Davi e para os habitantes de Jerusalém, para remover o pecado e a impureza" (Zacarias 13:1). Essa fonte é Jesus, a qual foi aberta por Deus para remover todo o pecado e a impureza do seu povo. Todo avivamento genuíno começa e termina com quebrantamento, arrependimento e confissão de pecado. Vejamos o que nos ensina o apóstolo João:

> Ora, a mensagem que, da parte dele, temos ouvido e vos anunciamos é esta: que Deus é luz, e não há nele treva nenhuma. Se dissermos que mantemos comunhão com ele e andarmos nas trevas, mentimos e não praticamos a verdade. Se, porém, andarmos na luz, como ele está na luz, mantemos comunhão uns com os outros, e o sangue de Jesus, seu Filho, nos purifica de todo pecado. Se dissermos que não temos pecado nenhum, a nós mesmos nos enganamos, e a verdade não está em nós. Se confessarmos os nossos pecados, ele é fiel e justo para nos perdoar os pecados e nos purificar de toda injustiça. Se dissermos que não temos cometido pecado, fazemo-lo mentiroso, e a sua palavra não está em nós. Filhinhos meus, estas coisas vos escrevo para que não pequeis. Se, todavia, alguém pecar, temos Advogado junto ao Pai, Jesus Cristo, o Justo; e ele é a propiciação pelos nossos pecados e não somente pelos nossos próprios, mas ainda pelos do mundo inteiro (1João 1:5—2.2).

COMUNHÃO COM DEUS

A primeira Carta de João foi escrita com o propósito de sabermos que temos comunhão com Deus. Ele declara: "Ora, a mensagem que, da parte dele, temos ouvido e vos anunciamos é esta: que Deus é luz, e não há nele treva nenhuma" (1João 1:5). William Hendriksen explica que João coloca a ênfase no verbo "é" para destacar a relevância e a importância atemporal da mensagem. Esta mensagem não está sujeita a mudanças e modificações, pois ela procede de Deus.[6]

---

[6] HENDRIKSEN, William. *Comentário do Novo Testamento*. Tiago e Epístolas de João. São Paulo: Cultura Cristã, 2006, p. 320.

A mensagem que João anunciava não era dele, mas veio de Deus, por meio de Jesus. Ele ouviu e anunciou. Ele é apenas um receptor e transmissor da mensagem. Ele viu Jesus transfigurado no monte (Mateus 17:18) e viu Jesus glorificado na ilha de Patmos (Apocalipse 1:9-20). Ele ouviu de Jesus: "Eu sou a luz do mundo; quem me segue não andará nas trevas; pelo contrário, terá a luz da vida" (João 8:12).

O conteúdo da mensagem de João: Deus é luz. A figura da luz é usada para descrever a pureza e a santidade de Deus. Ele é totalmente puro, cristalino e limpo. Ele é o Pai das luzes e nele não existe sombra e variação (Tiago 1:17). Ele habita em luz inacessível (1Timóteo 6:16). Além de ser luz, "não há nele treva nenhuma". A pureza de Deus é perfeita, completa e infinita. Ele é imaculável em seu ser, em seus propósitos e em suas ações. A palavra "treva" simboliza "escuridão", "pecado" e "morte". Logo, quando Deus se revela ao homem pecador, sua santidade expõe os nossos pecados. Quando contemplamos a santidade de Deus imediatamente contemplamos o quanto somos pecadores.

Isaías contemplou a sala do trono de Deus e o vê assentado: "No ano da morte do rei Uzias, eu vi o SENHOR assentado sobre um alto e sublime trono, e as abas de suas vestes enchiam o templo. Serafins estavam por cima dele; cada um tinha seis asas: com duas cobria o rosto, com duas cobria os seus pés e com duas voava. E clamavam uns para os outros, dizendo: Santo, santo, santo é o SENHOR dos Exércitos; toda a terra está cheia da sua glória" (Isaías 6:1-3).

Deus é santíssimo. Isaías contempla Deus na beleza da sua santidade (Salmos 29:2), na sua incomparável santidade (Isaías 40:25) e na majestade da sua santidade (Êxodo 15:11). Somente Deus é Deus e somente Deus é santo. Isaías, porém, contempla a si mesmo: "As bases do limiar se moveram à voz do que clamava, e a casa se encheu de fumaça. Então, disse eu: 'Ai de mim! Estou perdido! Porque sou homem de lábios impuros, habito no meio de um povo de impuros lábios, e os meus olhos viram o Rei, o SENHOR dos Exércitos!'" (Isaías 6.4,5).

O profeta se desespera quando toma consciência de sua condição de pecador diante de um Deus santo. Ele está se vendo pecador, porque ele vê Deus. E a humildade está tomando conta do seu coração.

O apóstolo João combate três tipos de visões enganosas que podemos ter acerca do pecado. Vamos conhecê-las:

Em primeiro lugar, *não podemos viver em pecado e ao mesmo tempo ter comunhão com Deus.* "Se dissermos que mantemos comunhão com Ele e andarmos nas trevas, mentimos e não praticamos a verdade" (1João 1:6). Alguns crentes acham que podem viver pecando e simultaneamente ter comunhão com Deus. Isso se baseia na falsa premissa de que o pecado não rompe a nossa comunhão com Deus. O pecado é sempre uma barreira ou um obstáculo para a comunhão com Deus. "Eis que a mão do SENHOR não está encolhida, para que não possa salvar; nem surdo o seu ouvido, para não poder ouvir. Mas as vossas iniquidades fazem separação entre vós e o vosso Deus; e os vossos pecados encobrem o seu rosto de vós, para que vos não ouça" (Isaías 59:1,2). A Bíblia é clara em afirmar que não há comunhão da luz com as trevas (2Coríntios 6:14). Se fizermos tal afirmação e agirmos assim, mentimos de forma deliberada e intencional: "mentimos e não praticamos a verdade". Nossas palavras e ações não passam de uma grande mentira.

Hoje, na igreja, alguns não afirmam isso abertamente, mas vivem como se o pecado não afetasse a sua comunhão com Deus. Afirmamos que somos crentes e que temos comunhão com Deus, mas vivemos na prática de alguns pecados como se isso não fosse prejudicial à nossa comunhão com Deus. E quando isso se torna comum, precisamos de um avivamento espiritual.

João apresenta a solução para esse equívoco: "Se, porém, andarmos na luz, como ele está na luz, mantemos comunhão uns com os outros, e o sangue de Jesus, seu Filho, nos purifica de todo pecado (1João 1:7). Destaquemos alguns tópicos deste texto:

Primeiro, *uma decisão a ser tomada*: "andar na luz". Isso descreve sinceridade absoluta, não tentar esconder nenhum pecado. Somos filhos da luz e devemos andar na luz, em sinceridade e verdade, pois não podemos esconder nada de Deus. Trata-se da decisão de não esconder, mas confessar o seu pecado.

Segundo, *uma consequência*: "mantemos comunhão uns com os outros". A comunhão com o Deus que está na luz nos coloca em comunhão com os nossos irmãos que vivem na luz.

Terceiro, *um resultado*: "e o sangue de Jesus nos purifica de todo pecado". Deus não somente perdoa os nossos pecados, como também apaga a mancha do pecado. Perdão e purificação. Observe que o verbo está no presente contínuo: o sangue de Jesus *nos purifica* e *continua nos purificando*. Não de alguns pecados, mas de todo pecado. O grande desafio é tratarmos dos pecados escondidos na nossa vida. Davi descreve a sua experiência.

> Enquanto calei os meus pecados, envelheceram os meus ossos pelos meus constantes gemidos todo o dia. Porque a tua mão pesava dia e noite sobre mim, e o meu vigor se tornou em sequidão de estio (Salmos 32:3,4).

Duas verdades devem ser destacadas:

Primeira, *o ato de ocultar*: "Enquanto calei os meus pecados". Ele ficou em silencio e tentou viver com os pecados escondidos. Mas o pecado sempre nos acha, pois a sua presença nos faz sentir mal (Números 32:23).

Segunda, *as consequências de ocultar*. Vejamo-las:

- Físicas: "[...] envelheceram os meus ossos pelos meus constantes gemidos todo o dia". O pecado adoece quem o pratica. O pecado enfraquece, quebra, desassossega e cega (Salmos 38:8-10).
- Espirituais: "Porque a tua mão pesava dia e noite sobre mim". Davi reconhece que ele estava sob a disciplina e o chicote de Deus. O peso diário da mão de Deus é algo que sentimos, mas não sabemos explicar.
- Emocionais: "[...] e o meu vigor se tornou em sequidão de estio". Davi usa a figura da terra seca para descrever a sua depressão ou perda de bom humor.

O pecado gera culpa, tristeza e opressão emocional. Mas Davi toma uma decisão: "Confessei-te o meu pecado e a minha iniquidade não mais ocultei. Disse: 'Confessarei ao SENHOR as minhas transgressões; e tu perdoaste a iniquidade do meu pecado" (Salmos 32:5). Confissão de pecado é requerida por Deus para todo aquele que deseja perdão. Confessar é reconhecer e dá nome ao seu pecado. Só quem confessa e deixa o seu pecado obterá misericórdia (Provérbios 28:13). Davi admitiu o seu pecado e que era culpado perante Deus, o qual, consequentemente, o perdoou.

Em segundo lugar, *afirmarmos que não somos pecadores*. "Se dissermos que não temos pecado nenhum, a nós mesmos nos enganamos, e a verdade não está em nós" (1João 1:8). Aqui temos a negação de que não existe pecado em nossa natureza. A Bíblia, porém, ensina que o pecado é a pior doença que existe. O pecado é uma doença hereditária, universal, contagiosa, deformadora e mortal. O pecado não fazia parte da natureza humana, quando o homem foi criado por Deus. Mas quando Adão, o cabeça e representante da espécie humana, pecou, todos nós pecamos com ele. O seu pecado é chamado de original, pois contaminou os seus descendentes. Paulo declara: "Portanto, assim como por um só homem entrou o pecado no mundo, e pelo pecado, a morte, assim também a morte passou a todos os homens, porque todos pecaram" (Romanos 5:12). Portanto, todo homem é pecador e mortal. O pecado trouxe para os homens as mortes espiritual, física e eterna.

Todo homem é pecador. Paulo descreve como o pecado afeta o homem na sua totalidade: "Como está escrito: 'Não há justo, nem um sequer, não há quem entenda, não há quem busque a Deus; todos se extraviaram, à uma se fizeram inúteis; não há quem faça o bem, não há nem um sequer'" (Romanos 3:10-12). O pecado deprava o homem no seu coração e na sua fala: "A garganta deles é sepulcro aberto; com a língua, urdem engano, veneno de víbora está nos seus lábios, a boca, eles a têm cheia de maldição e de amargura (Romanos 3:13,14). O pecado deprava o homem nas suas ações humana: [...] são os seus pés velozes para derramar sangue, nos seus caminhos, há destruição e miséria; desconheceram o caminho da paz" (Romanos 3:15-17). O pecado deprava o homem na sua espiritualidade: "Não há temor de Deus diante de seus olhos" (Romanos 3:18). E nesse estado de depravação todo homem é culpado e está condenado perante Deus. E todo homem é incapaz de mudar essa condição por si mesmo.

João apresenta a solução para a negação de que não somos pecadores. "Se confessarmos os nossos pecados, ele é fiel e justo para nos perdoar os pecados e nos purificar de toda injustiça" (1João 1:9). Os nossos pecados são decorrentes da nossa natureza. É do coração do pecador que procedem todos os seus atos pecaminosos (Marcos 7:21-23). Precisamos reconhecer e confessar a Deus que somos pecadores. Somente assim Ele pode perdoar (quitar o nosso débito) e remover todo escrito de dívida que há contra nós (Colossenses 2:13-15). Justificação e santificação baseadas na morte de Jesus pelos nossos pecados.

Em terceiro lugar, *dizer que não temos cometido pecado*. "Se dissermos que não temos cometido pecado, fazemo-lo mentiroso, e a sua palavra não está em nós" (1João 1:10). Dizer que não pecamos é muito grave, porque nega que somos pecadores e que os nossos atos pecaminosos não são pecados. A Bíblia diz que somos pecadores e que é impossível vivermos sem pecar. Se negarmos isso dizemos que Deus é mentiroso e negamos a veracidade da Bíblia.

João combate essa mentira dizendo: "Filhinhos meus, estas coisas vos escrevo para que não pequeis. Se, todavia, alguém pecar, temos Advogado junto ao Pai, Jesus Cristo, o Justo; e ele é a propiciação pelos nossos pecados e não somente pelos nossos próprios, mas ainda pelos do mundo inteiro" (1João 2:1,2). João reconhece que ninguém vive sem pecar mesmo sendo filho de Deus. O pecado não é uma prática agradável e nem constante na vida de um filho de Deus (1João 3:6-10). João escreve para os seus filhos com o objetivo de motivá-los a não pecar. Mas ele não é um pai cego pelo amor quanto aos erros e pecados dos seus filhos. Ele diz que não devemos negar ou tentar encobrir os nossos pecados, mas confessá-los a fim de sermos perdoados por Deus.

Não devemos ter medo de condenação por causa dos nossos pecados, pois Deus, o Juiz Supremo, constituiu Jesus como nosso advogado de defesa: "Jesus Cristo, o justo". Ele é justo em sua natureza perfeita. Ele é justo em toda a sua conduta. Ele é justo porque conhece a natureza humana dos seus clientes. Ele é justo porque somente através da sua morte propiciou toda a justiça de Deus, morrendo em nosso lugar.

Em síntese, João apresenta o sangue de Jesus Cristo como o remédio divino para o pecado. Primeiro, o sangue de Jesus no purifica de todo pecado (1João 1:7). Segundo, o sangue de Jesus nos perdoa e nos purifica de todo pecado e toda injustiça (1João 1:9). Terceiro, o sangue de Jesus nos propicia, ou seja, ele satisfaz todas as exigências da santidade e da justiça de Deus para nos perdoar.

Concluindo, a doutrina do arrependimento e da confissão de pecado é a porta de entrada para o verdadeiro avivamento. Não podemos desejar e esperar o avivamento de Deus sem primeiro tratar o pecado na nossa vida e na vida da igreja. Nosso pecado não somente nos fere, mas também inflige danos colaterais à igreja e à obra de Deus. Precisamos preparar o nosso caminho para o avivamento por meio da confissão de pecados.

Testemunho

Como Deus me despertou por meio deste livro a clamar por avivamento

Sua opinião é importante para nós.
Por gentileza, envie-nos seus comentários pelo e-mail:

editorial@hagnos.com.br

Visite nosso site:

www.hagnos.com.br